HÄDECKE

Edith Gerlach

IM MIDI

Kulinarische Reiseskizzen aus dem Süden Frankreichs

HÄDECKE

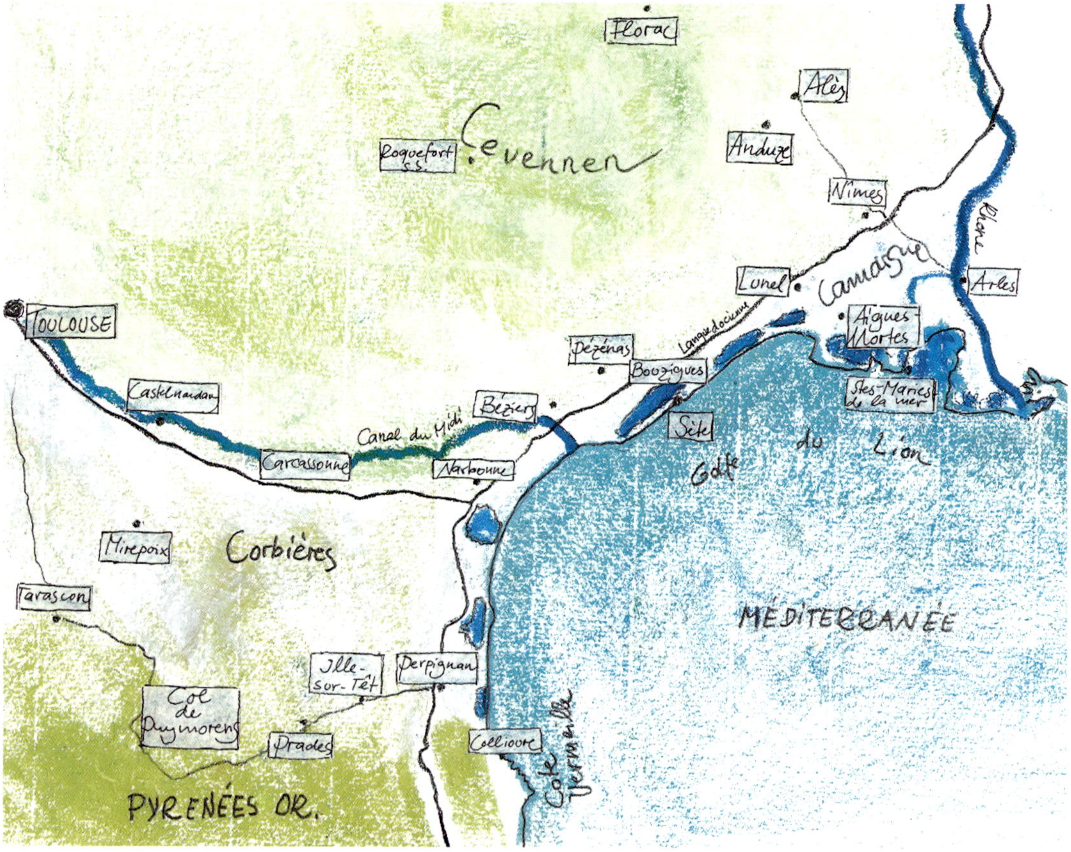

Fotos, Gesamtgestaltung und Rezepte: Edith Gerlach
Titelentwurf: Peter März, nach einem Foto von
Edith Gerlach: Marktplatz in Olette. Fotoküche: Renate Herrmann.
Fotos Seite 98 und Seite 134: Hädecke Archiv
Lektorat: Monika Graff und Dr. Gernot Giertz.
Satz und Reproduktionen: deutsch-türkischer fotosatz, Berlin
Gesamtherstellung: Oehler-Offset, Stuttgart
Printed in Germany 1996

ISBN 3-7750-0289-8

VORWORT

Im MIDI: Schon der Name verzaubert, strahlt Poesie aus und Verheißung von unbekannter Schönheit … Die Sehnsucht der Menschen aus dem Norden hierher war immer groß und mit ihr die Träume von Sonne und Meer, von rosa Mandelblüten vor verschneiten Pyrenäengipfeln, von glühendheißen Straßen, mit rotem Marmor belegt, von überreifen Trauben, Pfirsichen, Melonen.

Zum Traum vom MIDI gehören lebhafte Bauernmärkte; die Erinnerung an staubige Pilgerstraßen, über die vor vielen Jahrhunderten die *jacquaires* ihrem Pilgerziel in Spanien entgegenzogen, und es gehört dazu die stille Schönheit romanischer Kirchen und Klöster, in denen *le bon dieu* noch zu finden ist. Träume vom MIDI beinhalten weite, bis zum Horizont reichende Weinfelder, schattige Platanenalleen und die grüne Stille des alten Kanals, unvergeßliche Bildwerke aus dem frühesten Mittelalter und malerische bunte Häfen, und sie bringen – im katalanischen Roussillon – erste Begegnung mit dem festlichen spanischen Barock und Bekanntschaft mit der kräftigen katalanischen Küche.

Bereits vor Ende eines Sommers kann sich das Land hier morgens weiß gepudert präsentieren, wenn auf den Canigou, den Heiligen Berg der Katalanen, nachts unerwartet der erste Schnee herabfällt. Umgekehrt strahlt die glühende Sonne oft noch im Oktober zur Zeit der Weinlese.

Auch Stürme gehören zum französischen Süden: Die Tramontane mit heftigen Böen aus Nordwesten, der Mistral, Gutwetter-Lieferant, mit eisigen Nordwinden, und der ungemütliche, feuchte Marin, der den Regen vom Meer ins Land hereinträgt.

Die schweren, süßen Weine aus Banyuls, die herben roten aus dem Minervois oder von den Höhen der Corbières, dem Land der Katharer; Obstbäume, deren Zweige sich unter der Last der Früchte beugen – mannigfaltig sind die Erlebnisse, die den Reisenden erwarten.

In Palau-del-Vidre besuchte ich einen Glasschleifer. Auf seinem Arbeitstisch lag ein Stück Glas, geformt wie ein großer Tropfen, und reich geschliffen. Das MIDI erscheint mir wie dieser geschliffene Glastropfen. Strahlt die Sonne darauf, bricht sich ihr Licht in glühenden Farben, das ganze Spektrum leuchtet auf. Der Süden hat viele Facetten, hat Farbe und Leuchtkraft, die, hundertfach gebrochen, tausendfach wieder reflektiert werden. Schönheit, Wärme und Freundlichkeit empfangen den Fremden, geben ihm ein Gefühl großer Vertrautheit. Einfache Genüsse der ländlichen Küche lassen schnell Sitten und Bräuche des Landes verstehen und damit viel von seiner alten Kultur. Das MIDI ist uraltes Weinland. Schon der berühmte katalanische Dichter des Mittelalters, Ramon Llull, weiß zu berichten, daß »der Wein den Menschen glücklich machen kann.«

Vielleicht ist es die überreiche Vegetation – süße Trauben, üppige Obstbäume, duftende wilde Kräuter – die die Bewohner des Südens so gelassen leben läßt! Diese ruhige Gelassenheit ist eine wunderbare Erfahrung.

Meinem Verleger sei Dank dafür, daß ich dieses unvergeßliche Land besser kennenlernen durfte, und die Leser hoffe ich neugierig zu machen auf das herrliche, sonnendurchglühte MIDI!

Kastanienwälder, Höhlen, Schluchten,
religiöse Fehden und ein Esel:
Im stillen Bergland der

CEVENNEN

»Nichts als Stoppelfelder von Steinen. Nirgends ein menschliches Wesen; kein Geräusch. Steinerne Skelette, der Sonne, dem Wind und dem Regen ausgesetzt, säumen den Pfad.« Robert Louis Stevenson, von dem noch berichtet wird, spricht mir mit seinen Worten aus dem Herzen. Der Weg ins sonnige MIDI führt durch dunkelste Wälder und abgrundtiefe Schluchten: Durch die Cevennen. In köstlichen Blautönen von Türkis bis Hellkobalt schimmern die mächtigen Berghänge herüber. Kirchenstille liegt über dem weiten Land, nur vereinzelt ruft ein Vogel.

Rundum blüht Heidekraut auf endlosen lila Feldern, zieht sich die Bergkuppen hinauf. Hier und da lodern im matten Purpur leuchtend goldgelbe Flecken: Riesige, im Verlauf des Sommers von der scharfen Sonne verbrannte Farnbüsche. Oder sind es Überreste alter Inquisitionsstätten, von denen es in diesem Land so viele gegeben hat?

An schönen Tagen deckt man im Café du Globe in Florac die Tische draußen unter den alten Platanen! Auf der Speisekarte kann man wählen zwischen allerlei Schweinernem, luftgetrockneten Würsten, einer Blutwurst mit Garrigue-Kräutern, verschiedenen Schinkenspezialitäten oder dem berühmten runden Ziegenkäse der Cevennen, dem *pélardon*, den man frisch, halbweich oder *sec* ißt. In der warmen Küche werden *pélardons* gerne auf Brotscheiben übergrillt oder im Teig ausgebacken.

Ein ernstes Land; wer erwartet das bei derart südlicher Position! Ich fahre von Alès nach Florac auf einer malerischen Höhenstraße. In dem strengen kleinen Städtchen zu Füßen des mächtigen Kalkfelsens Méjean stehen sonntags die Uhren still; nur auf der von uralten Platanen bestandenen Hauptstraße rührt sich menschliches Leben. Gastlich sind die Tische des Café du Globe im Freien gedeckt, und herzhafte Cevennengerichte laden zum Probieren ein. Im Schloß beherbergt man den »Service du Parc National des Cevennes«, und ein poetisches kleines Flüßchen, »La Source du Pêcher«, durchzieht in malerischen Windungen die Stadt.

Von Florac schlängelt sich die Straße an den Schluchten des Tarn entlang nach Le Pont de Montvert. Auf der alten Brücke, zu Füßen des historischen Uhrenturms, gedenkt der Reisende des Propheten der Camisarden, Pierre Séguier, »Esprit« genannt, und seiner letzten Worte, bevor er den Flammentod starb: »Meine Seele ist ein schattiger Garten, voller Springbrunnen.«

1702: Der in Le Pont de Montvert lebende Abbé Chayla, ein radikaler Katholik, hält im Uhrenturm mehrere junge Protestanten gefangen; er weigert sich, sie freizulassen. Einige Camisarden, aufgerüttelt von den Worten ihres geistigen Anführers Esprit, befreien in einer nächtlichen Aktion ihre Glaubensgenossen, während des Kampfes wird der Abbé getötet, Esprit wird gefangengenommen und zum Feuertod verurteilt. Von 1702 bis 1704 dauern die Camisardenkriege, von beiden Seiten werden sie mit äußerster Grausamkeit geführt.

Auf der Weiterfahrt nach St. Jean-du-Gard kreuzt meine Straße die *corniche des cevennes*, den Wanderweg GR 68, genannt »Sentier Stevenson«. Der schottische Schriftsteller wanderte im Herbst des Jahres 1877 mit seiner geliebten Eselin Modestine kreuz und quer durch die Cevennen auf den Spuren der Camisarden. Die nach ihm benannte Grande Randonnée wird eingerahmt von mächtiger Bergkulisse, den Montagnes Bougès. Wie mit Riesenmessern sind enge Täler aus den breit hingelagerten Höhenzügen herausgeschnitten, schmale, oft unzugängliche romantische Schluchten wie die des Tarn. »Der Tarn murmelt zwischen den Steinen sein Berg-Lied«, schwärmt Stevenson – die großartige Natur hat sich in den langen Jahren seit seinem Besuch wenig verändert. Noch immer schlängeln sich kleine und größere Wasserläufe wie silberne Bänder durch das felsige Geröll, bilden hier und dort kristallklare Wasserbecken. Man kann sich den ganz persönlichen Badeplatz suchen, kein Mensch stört die Stille. Wilde Kastantienbäume wachsen bis hinunter in die Schluchten. Seit dem 16. Jahrhundert werden Eßkastanien, im Volksmund *les arbres de pain*, Brotbäume genannt, in den Cevennen kultiviert. Ihre Früchte verarbeitete man gern zu *bajanat*, einer dicken nahrhaften Suppe, oder röstete sie als *afacladas*. Das Mehl war gut für Brot und Kuchen, und das äußerst haltbare feste Kastanienholz nutzte man zum Bau von Häusern und deren Mobiliar.

Heute sind die Bäume verwildert, keiner kümmert sich mehr darum. Trotzdem hängen sie im Herbst über und über voll Früchten!

Auf dem Weg von Mialet nach St. Jean-du-Gard kann man eine wunderschöne alte Steinbrücke bewundern, le Pont des Camisards.

Wenn möglich, sollte man die Fahrt von Alès nach Florac an einem Samstag unternehmen: Man kann dann in La Grand Combe anhalten und den schönsten Wochenmarkt der Cevennen besuchen! Auch die Gastronomen der Umgegend kaufen hier ihre frischen Waren ein; einer von ihnen ist Patrick Pagès vom Restaurant »Chantoiseau« in Vialas. Ein typisches Cevennengericht sind seine fritierten Ziegenkäse!
Hierfür bereitet man einen Teig aus 200 g Mehl (in Vialas mischt man Weizen- und Kichererbsenmehl), 3 Eiern, 1/2 Tasse Eiswasser, je 1 EL gehackten Zwiebeln und gehackter Petersilie, Salz und Pfeffer. Die Ziegenkäse werden kurz in einer Mischung aus Olivenöl, Schnittlauch und Basilikum mariniert, danach abgetrocknet, in den Teig getaucht, in Mehl gewälzt und in heißem Öl frittiert. Im »Chantoiseau« reicht man dazu in Wein gedünstete Zwiebelringe.

Tagelang kann man auf einsamen Straßen durch die dunklen Berge fahren. In den bescheidenen Dörfern stehen viele Anwesen leer und verfallen von Jahr zu Jahr mehr. Ihre früheren Bewohner haben die Berge längst verlassen, arbeiten und leben in Alès oder anderswo in der Ebene unter einfacheren Bedingungen. Die Landflucht in den Cevennen ist schwer aufzuhalten, wenn auch neuerdings die Initiative einiger junger Ökobauern wieder Leben in vereinsamte Ortschaften bringt. Häuser werden renoviert, und mit eigenen Produkten zieht man auf die umliegenden Märkte. In den Dörfern entstehen Zweitwohnsitze, dennoch geht die Wiederbelebung der verlassenen Orte nur langsam voran.
Mit genauerer Kenntnis des Landes und seiner Bewohner wächst das Verständnis für die gerade in den Cevennen so unnachgiebig geführten Religionskriege. Die katholische Kirche stieß mit ihren Besitzansprüchen auf wenig Sympathie bei den armen Bergbauern. Hochachtung dagegen empfand man für die bescheidenen, tatkräftigen Prediger der neuen protestantischen Lehre.
Hundert Jahre dauerten die Religionskriege, vom Widerruf des Edikts von Nantes, das allen Bürgern Frankreichs Religionsfreiheit garantierte, durch Ludwig XIV im Jahre 1685, bis zum Erlaß des Toleranzedikts im Jahre 1787, zwei Jahre vor Beginn der Französischen Revolution. Riesig ist die Zahl der auswandernden Hugenotten. England und Schottland, Holland, Deutschland, Österreich und die Schweiz bieten den flüchtenden Protestanten eine neue Heimat. Ein hoher Prozentsatz der Flüchtlinge kommt aus den Cevennen.

Der protestantische Glaube ist bis heute hier im Lande lebendig geblieben. Häufig sieht man in den Cevennenstädtchen protestantische Kirchen, *les temples*, einfache Andachtsstätten, am Portal geschmückt mit der *croix cévenole*, einem gleichschenkligen Kreuz mit daranhängender Taube. Im Dorf Mas Soubeyran bei Mialet treffen sich jährlich am ersten Sonntag im September die Protestanten Frankreichs und Hugenottenabkömmlinge aus aller Welt zu gemeinsamer Andacht. Rolland, der Camisardenführer Pierre Laporte, wurde hier geboren; in seinem Geburtshaus befindet sich heute das Musée du Désert. Über enge Stiegen und dunkle schmale Gänge führt der Weg hinein, man findet reiche Auswahl an Literatur, dazu neben vielem anderen die wunderschöne Darstellung einer häuslichen Abendandacht. Auf den Bänken der großen Versammlungswiese kann man sich später vom Museumsbesuch erholen! Im benachbarten Café gibts kräftigen *petit noir*, man kann im kleinen Laden Souvenirs einkaufen, Cevennenkreuze, große und miniaturkleine *fossiles*, Versteinerungen aus den umliegenden alten Weingärten, dazu allerlei Duftendes, Lavendelwasser, Lavendelseife, getrocknete Blüten und Kräuter, edles Olivenöl. Die charmanten Besitzerinnen von Laden und Café sind,

Dieses eindrucksvolle *fossile*, einen Ammoniten, hat der alte Antoine in den Weinbergen um Mialet gefunden. Gut lassen sich die Abdrücke von Farnblättchen erkennen.
Außer der Sammelleidenschaft für altes Gestein hat Antoine noch ein anderes Hobby: Er kocht gern! Für den Morgen nach einer durchfeierten Nacht empfiehlt er *L'Aigo boulido, l'eau bouillie*, getreu dem Sprichwort: »L'aigo boulido sauvo la vido« – frei übersetzt: Das Süppchen ist ein echter Lebensretter!
Man kocht dafür in 1 Liter leicht gesalzenem Wasser die abgeschälten Zehen einer Knoblauchknolle, 1 Lorbeerblatt und 1 bis 2 Nelken etwa 15 Minuten; nimmt dann Lorbeerblatt und Nelken heraus. (Einige Cévenols schwören auf Zugabe von ein paar Salbeiblättchen). Man legt je 1 bis 2 Scheiben Brot in tiefe Suppenschalen, tränkt sie mit Olivenöl und gießt die heiße Brühe darüber.
Etwas Pfeffer aus der Mühle gehört über jede Portion, wer mag, kann seine Suppe mit geriebenem Gruyère oder einem Löffel Crème fraîche verfeinern.

Kürbisse gibt es im MIDI beinahe das ganze Jahr über, ihr festes Fruchtfleisch wird gern in der Küche genutzt. Lecker und einfach zuzubereiten ist die süße Kürbissuppe, ein Rezept von Michèle aus dem Café im Mas Soubeyran!
1 kg Kürbis wird in Butter und etwas Wasser gargedünstet und das Fruchtfleisch mit der Gabel zerdrückt. Währenddessen werden 5 EL Sago in 1 Liter Milch mit Zucker und einer Prise Salz etwa 12 bis 15 Minuten gekocht und mit 1 Prise geriebener Muskatnuß gewürzt. Kürbisfleisch und Sagomilch werden zusammengerührt und nochmals vorsichtig erhitzt. Die Suppe schmeckt auch kalt gut. Wers pikanter mag, gibt vorsichtig etwas Zitronensaft dazu.

wie sich im Gespräch herausstellt, leidenschaftliche Köchinnen! Kennerisch empfehlen sie einige typische Gerichte der Region, überwiegend ältere ländliche Rezepte. Viele werden mit *châtaignes* zubereitet, denn, wie beide versichern: Kastanien werden auch heutzutage in der Cevennenküche noch hoch geschätzt!

Die »Terroires Cévennes«, eine Gruppe landwirtschaftlicher und kunstgewerblicher Betriebe, offerieren in ihrem schönen Ausstellungsraum an der Straße von St. Jean-du-Gard nach Anduze, angefangen bei den *pélardons*, kleinen runden Ziegenkäsen, über Honig, Konfitüren aus wildwachsenden Früchten, Kastanienmehl und köstlichen *confits* – eingemachten, im eigenen Fett geschmorten Hühner-, Enten- und Gänseteilen – bis hin zu den Weinen der Region viel Delikates. Eine Präsentation des örtlichen Kunsthandwerks rundet das Angebot ab.

Der Markt in La Grand Combe bietet neben vielen anderen Köstlichkeiten eine Fülle pikant eingelegter Gemüse! Man kann wählen zwischen kleinen Cornichons, Kapern, Minipaprika, Tomaten, und natürlich einer Vielzahl eingelegter Oliven. Es gibt kleine grüne, kleine schwarze, mit oder ohne Stein, natur in Salzlake oder gefüllt in Olivenöl eingelegt; mit feingehacktem Knoblauch, mit Basilikumblättern, mit scharfen kleinen Chilischoten, mit Schafskäse, Zwiebelringen, kleinen Tomaten … Alle sehen äußerst delikat aus, und man kann sie alle probieren, die Wahl fällt schwer!

In der regionalen Küche spielt die Olive eine wichtige Rolle. Beliebt sind neben den marinierten Früchten auch die fri-

◁ Der alte Uhrenturm überstand alle Zerstörungen der Religionskriege. Die Hugenotten nannten Anduze ihr »Genf der Cevennen«.
Die 1909 hier eingerichtete Dampfbahn befördert heute Touristen nach St. Jean-du-Gard. An der Haltestelle »Bambuséraie de Prafrance« kann man aussteigen, um den berühmten Bambuspark und sein fernöstliches Ambiente zu bewundern.

Das alte Dorf Navacelles. ▷

Vor Millionen von Jahren bildeten sich in den westlichen Ausläufern der Cevennen zahllose Höhlen. In einigen von ihnen reift Frankreichs renommiertester Schafskäse, der Roquefort. Mehrere Käsekeller bieten Führungen zu den unterirdischen Käselagern, in denen die vielen weißen Käselaibe langsam ihre blaugrünen Adern bekommen als Folge der Beigabe von *penicillium roqueforti*, einem auf Brot gezüchteten Hefepilz.
Im schönen Ausstellungsraum der SOCIETÉ überreicht man dem Besucher zum Abschied eine elegante Rezeptbroschüre; aber auch eigener Kreativität sind keine Grenzen gesetzt: Der klassische Käse verträgt sich mit fast allem!

schen grünen. Alle Oliven auf dem Markt von La Grand Combe stammen aus der Region: Viele der hier geernteten Früchte sind für den Europäischen Markt zu klein, entsprechen nicht der EU-Norm. Die zahlreichen örtlichen Angebote profitieren hiervon!

Diejenigen Oliven, die der Ölgewinnung dienen, werden erst spät im November geerntet, erst dann ist »l'huile dans l'olive!« Die Früchte sehen zu diesem Zeitpunkt nicht mehr grün, sondern violett-schwarz aus. Sie werden genau wie anderes Baumobst per Hand gepflückt, danach gründlich gewaschen und grob zerquetscht. Die so gewonnene Fruchtmasse wird ein einziges Mal gepreßt und ergibt das *huile d'olive vierge*. Etwa 5 kg Oliven benötigt man für 1 Liter reines Olivenöl! Das *huile d'olive vierge* und das *huile d'olive vierge extra* haben einen leicht unterschiedlichen Gehalt an Fettsäuren. Beide werden kalt gepreßt, beide dürfen die Bezeichnung *vierge* und *produit naturel* tragen.

Die dichten Wälder, die zahllosen Höhlen und Schluchten der Cevennen haben auch in jüngerer Zeit als Versteck für Verfolgte gedient: Während des Zweiten Weltkriegs verbargen sich Mitglieder der Résistance, unter ihnen viele Deutsche, hier vor ihren Verfolgern. Die protestantische Kirche und die Einheimischen halfen vorbildlich. Viele verfolgte Juden und jüdische Kinder fanden Schutz auf einsamen Cevennenhöfen. Das Land Israel hat sich nach dem Krieg offiziell für die geleistete Hilfe bedankt.

Das Wort Résistance hat hierzulande Tradition: Im Kerker der Tour de Constance in Aigues-Mortes, einem während vieler Jahrhunderte gefürchteten Protestantengefängnis, wurde die junge Marie Durand von 1730 bis 1768 gefangengehalten, mit ihr viele andere Hugenottinnen, die sich weigerten, zum katholischen Glauben zurückzutreten. Deutlich lesbar kann man das Wort *RECISTER* erkennen, das die standhafte Hugenottin in die Mauer ihres Gefängnisses geritzt hat.

»Nach meinem Abschied von St. Germain de Calberte stieg ich hinab zum Gardon« schreibt Stevenson am letzten Tag seiner Wanderung. »Ich fühlte mich ruhig und glücklich in dieser köstlichen Landschaft.« Die Endstation seiner Wanderung heißt St. Jean-du-Gard. Hier trennt er sich unter Tränen von der Eselin Modestine und kehrt nach England zurück. Wer es Stevenson nachmachen möchte, kann dies tun: In Castagnols, einem kleinen Ort im Nationalpark, steht »Gentil-âne« für ihn bereit, ein liebenswerter Esel, sanft und anhänglich, geübt als verläßlicher Reisebegleiter.

Der Cirque de Navacelles hat sich wie ein riesiger Trichter in die Kalksteinfelsen der *Causses* gegraben. Im Talkessel liegt auf einem Hügel eine kleine grüne Oase, entstanden durch eine alte, inzwischen eingetrocknete Flußkehre der Vis, die sich längst einen anderen Weg durch die Felsen gebahnt hat. Wie Spielzeughäuser liegen hier die kleinen Anwesen des alten Dorfs Navacelles.
Der Cirque gehört zu den 12 auserwählten schönsten Landschaftsschutzgebieten Frankreichs.

BAJANAT/SOUPE DE CHÂTAIGNES SÊCHÉES

◁ Kastaniensuppe

Dies ist ein uraltes Cevennengericht.
1 kg gedörrte Kastanien
1/4 l Milch oder 3–4 EL Sahne
Salz und Pfeffer zum Würzen

Die getrockneten Kastanien über Nacht in warmem Wasser einweichen, am nächsten Morgen gründlich waschen und die braunen Häutchen von den Früchten abziehen. Danach die Kastanien in 1 Liter Wasser zum Kochen bringen, mindestens 2 Stunden sachte kochen lassen, bis sie zu zerfallen beginnen. Die leicht mehlige bräunliche Suppe mit Salz und Pfeffer abschmecken und je nach Geschmack Milch oder Sahne unterrühren.
In den Cevennen nahm man zum Verfeinern gerne Ziegenmilch, und in einigen alten Kochanweisungen gibt man statt Milch oder Sahne etwas Wein in die Suppe.
Es heißt, daß nur dank der Kastanien die Camisarden so lange und ausdauernd Widerstand leisten konnten!
Für eilige Leute empfiehlt sich der Gebrauch eines Dampfkochtopfs, er verkürzt die Kochzeit erheblich.

RAGOUT D'OLIVES

Olivenragout

350 g entsteinte Oliven
100 g durchwachsener Speck
1 Zwiebel
1 Karotte
1 Lauchstange ohne Grün
1/2 Sellerieknolle
1 Kartoffel
1 Glas Weißwein
Salz und Pfeffer

Schinkenspeck und Zwiebel in kleine Stücke schneiden und glasig anschwitzen. Das übrige Gemüse und die Kartoffel sehr klein schneiden, zu Speck und Zwiebeln geben. Alles zusammen durchkochen, dabei öfter umrühren, und sparsam salzen und pfeffern. Die Oliven einige Minuten in heißem Wasser blanchieren, abtrocknen und mit dem Gemüse vermischen. Bei mäßiger Hitze alles weitere 45 Minuten garen, zum Schluß den Wein zum Gemüse geben, erhitzen, aber nicht mehr kochen lassen.
Als kleines Gericht zu frischem Brot und einem Glas Wein!

DAUBE DE FÊTE

Festtagsdaube

2 kg Rindfleisch, verschiedene Stücke von Nacken, Bug und Schwanzstück
2 EL Schmalz
1 Schweinsfüßchen, gebürstet und gebrüht, halbiert
Einige Schweineschwarten
5 Schalotten
Einige Knoblauchzehen, geschält, 1 Zehe mit 1 Nelke gespickt
Thymian- und Lorbeerblätter
2 Karotten, einige grüne Oliven
Salz und Pfeffer
1 Flasche Rotwein
ca. 20 g Butter
1 EL Mehl

In einem Schmortopf das gewürfelte Fleisch in heißem Schmalz von allen Seiten anbraten. Nacheinander das halbierte Schweinsfüßchen, die streifig geschnittenen Schwarten, feingehackten Schalotten, Knoblauchzehen mit Nelke, Thymian- und Lorbeerblättern sowie die in Scheiben geschnittenen Karotten und Oliven zufügen. Mit Salz und Pfeffer würzen, und den erwärmten Rotwein darübergießen. Butter und Mehl zu einer Kugel verkneten und in den Topf geben. Zugedeckt bei sachter Wärmezufuhr mindestens 3 Stunden langsam garen – besser sogar 4 bis 5 Stunden.

GRAS DOUBLE MAISON

Kutteln nach Hausfrauenart, ein Rezept aus Alès ▷

2 kg Kutteln
1 dicke Scheibe roher Schinken
1 große Zwiebel
Olivenöl
1/2 l trockener Wein
1 bouquet garni
Einige geschälte Knoblauchzehen, eine davon gespickt mit 1 Nelke
Salz und Pfeffer
1 Schweinsfüßchen
Einige Schweineschwarten
Evtl. 1 Schinkenknochen
2 Karotten
2 EL Tomatenpüree

Die Kutteln gründlich waschen, mit kochendem Wasser überbrühen, abgießen, in Streifen schneiden. Schinken und Zwiebel kleinschneiden, in heißem Olivenöl anschwitzen, die Kutteln dazugeben und kurz aufkochen lassen. Den Wein erwärmen und über die Kutteln gießen. Kräutersträußchen und Knoblauchzehen mit der Nelke zu den Kutteln in den Topf legen, gut salzen und pfeffern. Nach 1 Stunde Kochzeit bei mittlerer Temperatur das gründlich gebürstete und überbrühte Schweinsfüßchen, die zerschnittenen Schwarten, evtl. den Schinkenknochen, die in Scheiben geschnittenen Karotten und das Tomatenpüree zu den Kutteln geben. Alles gut vermengen und bei sachter Wärme zugedeckt mindestens 3 Stunden köcheln.

Die moderne Markthalle von Alès in unmittelbarer Nachbarschaft der Kathedrale St. Jean ist ein Mekka für Gourmets! Alle Produkte der Region lassen sich hier an jedem Vormittag der Woche tagesfrisch einkaufen. Natürlich auch die besonders beliebten *tripes*. Der Vorliebe für sie verdanken die Einwohner von Alès ihren Spitznamen: »Les manges-tripes!« Selbstverständlich stammt das Rezept der Gras Double Maison hierher. Als *gras double* bezeichnet man ein Ragout aus Kutteln, Schinken und verschiedenen Gemüsen.

ROMAGE DE CHEVR
Denis

TARTE AUX PÉLARDONS CÉVENOLS

◁ Tarte mit Ziegenkäse

- Etwas Butter für die Form
- 300 g Mürbeteig
- 4 Eier
- 200 g frischer Ziegenkäse
- 20 cl dicke Crème fraîche
- 60 g geriebener Gruyère
- Salz und Pfeffer
- Etwas Butter
- Nach Belieben frische Thymianblättchen

Eine gefettete Tarteform mit dem Teig auslegen. In einer Schüssel die Eier verschlagen, den Ziegenkäse zerkrümeln, Crème fraîche und geriebenen Gruyère dazugeben und mit Salz und Pfeffer würzen. Die Masse mit den Eiern vermischen und über den Teig in die Form gießen. Kleine Butterstückchen aufsetzen und im vorgeheizten Ofen bei 180 Grad C etwa 45 Minuten backen.
Wer mag, streut ein paar frisch abgezupfte Thymianblättchen über den noch warmen Kuchen, das duftet und schmeckt gut!

LES GALETTES DE FARINE DE CHÂTAIGNES

Pfannkuchen aus Kastanienmehl

- 500 g Kastanienmehl
- 1 Prise Salz
- 3 dl Wasser
- 2 dl Milch
- Olivenöl zum Braten
- Grober Zucker zum Bestreuen

Kastanienmehl und die Prise Salz in einer großen Schüssel vermengen. Nach und nach mit Hilfe eines Schneebesens oder dem elektrischen Handrührgerät das Wasser und die Milch unterrühren – es darf keine Klümpchen geben!
In einer Pfanne Olivenöl erhitzen und darin kleine dünne Pfannkuchen von beiden Seiten goldbraun braten, sie auf Küchenkrepp entfetten und noch warm, mit grobem Zucker bestreut, servieren.

Unter den von Therèse und Michèle, meinen Freundinnen aus dem Café in Soubeyran, empfohlenen *récettes cévenoles* finden sich viele Süßspeisen.
Süßes gibt schnell neue Kraft und ist vergleichsweise preiswert – vielleicht eine Erklärung für das reiche Angebot an süßen Gerichten, die dieses karge Bergland offeriert!

Michéle empfiehlt ein uraltes traditionelles Dessert: »Les Châtaignons au Lait et au Sucre«. Hierfür kocht man die Maronen vorsichtig in Milch und serviert sie noch warm, reichlich mit Zucker bestreut. Das Rezept hat eine üppigere Variante: Man trocknet die in Milch gekochten Maronen vorsichtig ab, legt sie auf eine ofenfeste gebutterte Platte, streut üppig Zucker darüber und läßt diesen unter dem Grill karamelisieren. Anschließend flambiert man die noch warmen Kastanien mit einem hochprozentigen Alkohol. O làlà – das bringt bestimmt Kraft und gute Laune!

Heute bietet der europäische Markt fix und fertig gekochte Maronen, vakuumverpackt; das Nachkochen der alten Gerichte wird dadurch bedeutend vereinfach. Ob allerdings der Geschmack der gleiche ist, bleibt einer Probe überlassen!
Auch das schnelle Garen im Dampftopf spart zwar Kochzeit, garantiert aber nicht den gleichen Wohlgeschmack wie ein dreistündiges Köcheln im Sud! Hier gilt es abzuwägen.

FLOUGNARDE SUCRÉE

Süßer Eierkuchen

- 3 Eier
- 4 KL Mehl
- 4 KL Zucker
- 4 KL Crème fraîche
- 1/2 Päckchen Backpulver
- 2 Äpfel (oder wahlweise Birnen, Pfirsiche, 2 EL Rumrosinen)
- Butter zum Backen
- Zucker zum Bestreuen

Ein anderes, von beiden Köchinnen wärmstens empfohlenes Rezept!
Eier, Mehl, Zucker, Créme fraîche und Backpulver in eine Schüssel geben und gut vermengen. Die in dünne Scheiben geschnittenen Äpfel darunterziehen. Eine beschichtete Pfanne üppig mit Butter ausstreichen, den Teig einfüllen und den Eierkuchen bei schwacher Wärme etwa 15 Minuten von der einen und 10 Minuten von der anderen Seite backen, vor dem Wenden bei Bedarf noch etwas Butter in die Pfanne geben. Mit Zucker bestreut servieren.

BEIGNETS AU MIEL

Honigbeignets

- 250 g Mehl
- 1 Päckchen Backpulver
- 1 Päckchen Vanillezucker
- 70 g Butter
- 2 Eier
- 1 Prise Salz
- Öl zum Ausbacken
- Für die Soße:
- 6 EL Honig
- 2 EL Rum

Mehl mit Backpulver, Vanillezucker, geschmolzener Butter, Eiern und der Prise Salz zu einem glatten Teig verarbeiten. Den Teig anschließend 1 Stunde ruhen lassen. In einem hohen Topf oder in einer Friteuse langsam das Öl erhitzen, kleine Beignets darin goldbraun ausbacken, auf Küchenkrepp entfetten und in eine flache Kuchenschale legen. Honig und Rum zusammen erwärmen, aber nicht kochen lassen. Über die lauwarmen Beignets gießen und sofort servieren!

Lagunen, *manades* und *gardians*,
weiße Pferde, schwarze Stiere:
In der Einsamkeit der

CAMARGUE

Madame Renée, gebürtige Normannin und charmante blonde Wirtin vom Campingplatz in Aimargues, bringt es auf den Punkt. »Die Carmargue ist ein Land mit zwei Gesichtern«, sagt sie. »Einerseits repräsentiert dieses Land noch eine der letzten unberührten wilden Sumpflandschaften der Welt. Andererseits muß es sich mit den vielen Touristen arrangieren, die letztlich sein Überleben sichern. Alle Besucher wollen unsere Pferde, Stiere und Vögel sehen, schimpfen aber mächtig über unsere Stechmücken! Es ist schwierig, beiden Seiten gerecht zu werden: Die ursprüngliche Natur zu erhalten und trotzdem die Gäste zufriedenzustellen ...«

Der sommerliche Tourist bereist die Camargue in einem Tag mit Auto oder Bus. Er wird vom Office du Tourisme reichlich mit Infomaterial versorgt. Die vorgeschlagene Route beginnt in Arles, führt südwärts am westlichen Ufer der Grand Rhône entlang nach Salin de Giraud, und dann, leicht nach Westen versetzt, durch den Parc Régional de Camargue wieder zurück nach Arles. Man ist auf der Suche nach weißen Pferden, schwarzen Stieren, rosafarbenen Flamingos – den legendären Wahrzeichen dieses Landes.

4

Erst seit wenigen Jahren werden die berühmten weißen Pferde der Camargue als eigene Rasse anerkannt. Die Fohlen kommen schwarz oder dunkelgrau zur Welt, später, im Alter von 3 bis 4 Jahren, färbt sich ihr Fell weiß. Die Pferde wachsen zusammen mit den Stieren auf. Mit 4 Jahren endet ihr freies Leben, die nun ausgewachsenen Pferde werden zum Reitpferd oder späterem Begleiter der *gardians* bei deren Arbeit mit den Stieren ausgebildet. Ein Camarguepferd ist anspruchslos, freundlich und arbeitswillig; die *gardians* schätzen die enorme Trittsicherheit.

Höchste Bewunderung verdienen diese Pferde beim *abrivado*, wenn man die Stiere frei durch die Straßen der Städte und Dörfer zur Arena treibt. Mit allen Tricks versuchen Fußgänger, die Stiere vom Wege zu locken; Reiter und Pferde müssen dies mit viel Geschick vereiteln.

In den kleinen Ställen links und rechts der Straße warten die fleißigen weißen Pferde auf ihre Reiter.

Selten sieht man Stiere alleine auf den Koppeln, sie leben häufig mit den Pferden in gemeinsamen Herden.

Aber ach – was der sommerliche Tourist an Camargue-Pferden zu sehen bekommt, ist meilenweit entfernt vom erwarteten Bild! Nicht frei und wild stürmen sie übers Land, nein, müde und schläfrig dösen die fix und fertig gesattelten Tiere in ihren schmalen Ställen am Straßenrand vor sich hin, ständig müssen sie bereit sein zu einer *promenade à cheval*. Täglich von 9 bis 12 und von 14 bis 18 Uhr kann man sie zum Ritt über die Koppeln mieten, das ist bei hochsommerlichen Temperaturen harte Arbeit. Aber ein Ausritt auf diesen liebenswürdigen und anpassungsfähigen Camarguepferden ist für alle Besucher ein beliebter Programmpunkt.

Die künftigen Helden der Arena, die schwarzen Stiere, kommen dem erwarteten Bild schon näher: Schwarz ist ihr kurzes dichtes Fell, elegant zur Lyra gebogen die kräftigen Hörner, drahtig der untersetzte Körperbau, und tiefdunkel der Blick! Allerdings sollte man auf der Fahrt ein Fernglas nicht vergessen. Die Stiere weiden im Sommer weitab der wenigen Straßen, die durch die Einöde führen, und tiefe Gräben und feste Zäune schützen zusätzlich Land und Tiere vor allzu neugierigen Fremden.

Die sehnsüchtig erwarteten Flamingos sitzen in riesigen Gruppen auf den seichten Wasserflächen der Lagunen, während des Tages meist bewegungslos; auch hier nutzt das Fernglas! Mehrere tausend Flamingos bevölkern die Camargue-Wasserlandschaft während des Sommers, im Winter bleiben nur einige hundert Unentwegte hier zurück, der Rest zieht gen Süden: Flamingos sind Sommergäste in der Camargue.

Während seiner Tagesreise wird der Besucher animiert von diversen touristischen Angeboten. In der Domaine Méjanes, einem zum Hause Ricard gehörigen Unternehmen, kann er im nostalgischen *train touristique* über die Stierkoppeln am Etang de Vaccarès rattern, in der hauseigenen Arena den »Courses Camarguaises« zuschauen oder auf den hier besonders edlen Pferden einen Ausritt über Land unternehmen. In Les Saintes-Maries-de la-Mer führt ihn ein Flußboot im Look eines kleinen Mississippisteamers über die Petit Rhône, mit garantiertem Blick auf Stiere, Pferde und Flamingos, versteht sich. Hinter den schmalen, reetgedeckten Pferdeställen an der Straße finden sich zahlreiche gastliche Lokale, die den Besucher mit der Landesküche – *poissons, moules, viande de taureau* – erfreuen. Die Zahl der wartenden Autobusse auf dem Parkplatz von Méjanes ist im Sommer Legion.

In der Sumpflandschaft der Camargue stehen einsame kleine Hütten, schilfrohrgedeckt: *Les cabanes des gardians.*

Auf einer Fläche von etwa 10000 Hektar wächst hier Schilfrohr, *roselières*, man nutzt es für die Bedachung von Fischerhäuschen und den *cabanes* der *gardians*. Eine seltener vorkommende Schilfart, *sarette* genannt, wird in aller Welt zum Flechten von Korbstühlen verwendet.

»Les abbayes du sel«, Salzkirchen, nannte man jene Klöster, die dank königlichen Dekrets die Rechte an den Salinen im nördlichen Mittelmeerraum besaßen. Mit Beginn des 12. Jahrhunderts gelangen diese Rechte auch in bürgerliche Kreise, so in Aigues-Mortes oder Les Saintes-Maries-de-la-mer. Bald darauf wird Salz mit einer staatlichen Steuer belegt, der *gabelle*. Sie wird erst Anfang des 20. Jahrhunderts wieder abgeschafft.
Zu hohen Bergen türmen sich im Herbst die *camelles*, die Salzberge, an den Ufern des Mittelmeers. Wenn man Glück hat, kann man wunderschöne große Salzkristalle finden! Aber Vorsicht: Salz ist hygroskopisch! In feuchter Witterung zerfällt die weiße Pracht schnell.

Ganz anders ist das Bild, wenn man die Camargue außerhalb der Saison bereist! Man benötigt kein Fernglas mehr, um Stiere und Pferde zu bewundern, die jetzt bis dicht an die Straße heran weiden. Die schönen Pferde, Schimmel in allen Schattierungen von reinweiß über zartgrau bis muskatfarben, sind lieb und äußerst zutraulich; die scheuen Stiere dagegen suchen gerne das Weite, wenn ein Fremder sich nähert. Am Etang de Vaccarès war in der ganzen riesigen Herde wirklich mutig nur ein einziger dieser dunklen Gesellen: Aug' in Auge mit mir blieb er wie angewurzelt stehen, während seine Kumpels in wilder Panik davonstoben. Läge seine Heimat nicht in der Camargue, sondern in Spanien, würde aus ihm vielleicht ein CLAIRON werden, oder ein GOYA! Dies sind die klangvollen Namen zweier hochberühmter *cocardiers*, deren Denkmäler man in Beaucaire bewundern kann. Siegreiche Kampfstiere bleiben hierzulande auch nach ihrem Tode unvergessen!
Die Zahl der Flamingos hat sich seit dem Sommer merklich veringert, dafür bewegen sie sich nun mehr! In streng geometrischer V-Formation wehen sie über den Himmel wie riesige rosafarbige Wolken, lassen sich am Meer nieder. Später kann man im Sand ihre kräftigen Spuren bewundern: Flamingos haben nicht nur lange Beine, sondern leben auch auf großem Fuß!
Auch die jährliche Salzernte wird jetzt im Herbst eingebracht. Schon von weitem leuchten die unzähligen, zu mächtigen weißen Kegeln aufgeschütteten Salzberge von Salin de Giraud, wie eine Kette von riesigen Zuckerhüten säumen sie

die Lagunen. Die »Compagnie des Salins du Midi« mit Sitz in Montpellier ist für den Salzabbau aller Salinen des nördlichen Mittelmeers zuständig, zusätzlich hierzu auch für den rund um den Golfe du Lion angebauten *vin des sables*. Zwischen Sète und Rhônemündung findet man heute auf vielen Hektar früheren Sumpflandes diesen Vin de Pays du Golfe du Lion. Der Anblick der mit kleinen hellpurpurfarbigen Trauben dicht behangenen Weinstöcke auf dem nackten Sandboden ist ungewöhnlich!

Zum wohlverdienten Ende gelangt im Herbst auch die Fleißarbeit der Reisbauern. Was im Frühsommer mit ersten zarten grünen Spitzchen aus dem Wasser ragte, ist nun – erntereif – zu goldgelben Rispen hochgewachsen, und riesige Mähdrescher sind ab Ende September auf den weiten Reisfeldern im Einsatz. Der Pastis-König Ricard, Besitzer der eleganten Domaine Méjanes, begann während des Zweiten Weltkriegs erfolgreich mit dem Reisanbau in der Camargue, inzwischen wird hier ein Drittel des gesamten französischen Bedarfs geerntet!

Die mittelalterliche Festungsstadt mit dem traurigen Namen Aigues-Mortes, Tote Wasser, wurde im 11. Jahrhundert von Louis IX, dem Heiligen, gegründet. Vor der Stadt ließ er einen Hafen anlegen, um von ihm aus zu Kreuzzügen ins Heilige Land aufzubrechen. Die gewaltige Tour de Constance ist das weithin sichtbare Wahrzeichen der Stadt; in ihren zum Teil bis zu 6 Meter dicken Mauern wurden verfolgte Protestanten gefangengehalten, unter ihnen die noch heute in ganz Frankreich verehrte Marie Durand.

Der Sage nach strandete in Les Saintes-Maries-de-la-mer die Barke von Marie-Jacobé, der Schwester Muttergottes, und Marie-Salomé, der Mutter Johannes des Täufers, nach deren Flucht aus dem Heiligen Land. Begleitet wurden die Beiden von ihrer Dienerin, der schwarzen Sarah. Sie wurde zur Schutzpatronin aller Zigeuner, die jedes Jahr am 24. Mai hierher wallfahrten.
Diese Zigeunerwallfahrt ist absoluter Höhepunkt des ganzen Jahres in Les Saintes-Maries.
Poetisch sind die vielen Votivbilder, die in der Kirche an die Wundertaten der Heiligen erinnern. Über dem Altar schwebt eine Barke, darin sitzen die beiden Marien; unten in der Krypta lehnen neben der Statue der schwarzen Sarah zahllose abgestellte Krücken an der Wand.

Die »Domaines de Listel«, eine Tochter der »Compagnie des Salins du Midi«, erwirtschaften auf einer Fläche von etwa 1800 Hektar den größten Teil des rund um den Golfe du Lion erzeugten *vin des sables*: Etwa 120 000 Hektoliter jährlich. Besonders erfrischend schmeckt der fruchtige Gris-de-Gris des Hauses, äußerlich – wie die andern Weine der Domaines Listel – unverwechselbar in der formschönen Flasche.
Aber nicht nur Weinfreunde kommen hierzulande auf ihre Kosten! Auf dem Weg nach Nîmes kann man in Vergèze »La Source Perrier« aufsuchen, die Quelle eines weltweit beliebten Mineralwassers.

Die Schauseite der Kirche von St. Gilles-du-Gard ist ein Must für den Midireisenden! Drei romanische Portale bilden eine eindrucksvolle Fassade, die überreich geschmückt ist mit unzählen Skulpturen: Riesigen Statuen, schmalen Friesen, wunderschönen Tierdarstellungen. Die mächtigen Statuen der Apostel sind leider stark verwittert, vielen wurden zu Zeiten der Religionskriege und der Revolution die Köpfe abgeschlagen. Durch St. Gilles verlief im Mittelalter die »Via Tolosana«, östlichster der vier Pilgerpfade, die alle nach Santiago di Compostella zum Grab des Heiligen Jakobus führten. Das in der riesigen Krypta von St. Gilles aufgestellte Grab des Heiligen Ägidius zog gewaltige Scharen pilgernder *jacquaires* an.

Heute trennen einige Kilometer Festland die frühere Hafenstadt vom Mittelmeer. Die Rhône hat im Laufe der Jahrhunderte an ihren vielen Armen im Mündungsgebiet unendliche Mengen Schwemmland angetragen. Die Weinfelder des *vin des sables* reichen fast bis an die gewaltige Stadtmauer heran! In der benachbarten Kellerei »Les Remparts« kann man den jungen Sandwein probieren, an den Wochenenden ist der Verkaufsraum ständig überfüllt: Die Nachbarn kaufen den preiswerten Wein kanisterweise. Die hiesigen Rot-, Rosé- und Weißweine sind herb und fruchtig, sie passen ausgezeichnet zu allen Fisch- und Muschelgerichten und im Frühjahr zum hier angebauten Spargel.

In Aigues-Mortes befindet sich eine Zentrale der beliebten Pénichette-Flotte des MIDI! Man kann kleine oder große Varianten dieser gemütlichen Hausboote mieten, zum Einstimmen eignet sich die Tour zum Etang de Thau, da auf dem Canal de Rhône à Sète keine Schleuse nervt! Natürlich kann man auch weiterfahren, über Béziers und seine berühmten *neuf écluses* in Richtung Toulouse.

Jährlich im September feiert Arles das Fête du Riz mit der Wahl einer »Ambassadrice du Riz«. Das ist für die kommenden zwei Jahre die bildhübsche Jessica, Tochter des Reisbauern Robert Bon, der auf seinem Besitz ein ländliches Musée du Riz eingerichtet hat. Hier kann man die verschiedenen Reissorten der Camargue kennenlernen und viel über den äußerst arbeitsintensiven Reisanbau erfahren. Anläßlich der Fête du Riz veranstaltet Monsieur Bon auf seinem Hof »Petit Manusclat« eine kommentierte

Führung durch sein Museum, und anschließend wird festlich getafelt: Es gibt Riz Camarguais au lapin, Reis mit Kaninchen, nach dem Rezept einer benachbarten Bäuerin. Zahlreiche Veranstaltungen begleiten das Reisfest. Ihre Thematik kreist um die Stiere, die Pferde, um Reis, um Salz. Die Gardians zeigen beim *abrivado* ihre eigene Geschicklichkeit und die Zuverlässigkeit ihrer Pferde. Erstmals erprobt man in diesem Jahr zwei gleichzeitig stattfindende *abrivado*, sie kreuzen sich auf dem Parcours durch die Stadt – wahrlich eine Meisterleistung der Gardians! Und in allen Straßen kann man bis in die Nacht hinein köstliche Paella und andere Reisspezialitäten probieren.

Auch das weite Land zwischen der Großen und der Kleinen Rhône ist jetzt im Herbst besonders schön, wenn der heftige Mistral die mannshohen Schilfhecken zaust und die endlosen Wasserflächen der Lagunen aufkräuselt. Auf dem Weg von Salin de Giraud zur Plage de Piémanson am Meer säumen haushohe Tamariskenhecken die Straße, ihr leuchtendes Lilarot hat sich im Laufe des heißen Sommers zu einem malerisch vertrockneten Rosa verfärbt, in ihrem Schatten huschen große leuchtendgrüne Smaragdeidechsen durch das Gras. Der weite Strand ist menschenleer.

Auf dem Weg zum Etang de Vaccarès führen ab und zu mächtige weiße Holzzäune zur Einfahrt versteckt liegender *domaines*. Die bekannteren Züchter besitzen mehrere *manades*, Stier- und Pferdeherden, und manch einer ihrer fleißigen *cocardiers* zieht während der Saison nicht selten sechs- bis achtmal ein in die Arenen des Landes.

Arles, Hauptstadt der Camargue, bietet imposante Architektur der Römerzeit. Das gewaltige Amphitheater kann noch heute 12 000 Zuschauer fassen! Hier finden Stierkämpfe und Courses Camarguaises statt. Die »Fondation Van Gogh« ehrt im Palais de Luppé den von 1888 bis 1890 in Arles lebenden Maler mit einer Laudatio zeitgenössischer Künstler.
Die mächtige Kathedrale St. Trophime und das angrenzende Kloster sind Werke der provenzalischen Romanik.
Bereits legendär ist die Bedeutung der Stadt Arles für die Fotografie: Seit 20 Jahren finden hier im Sommer die internationalen Fototage statt.

Der seit Jahrhunderten geübte Brauch, Lebensmittel wie Fleisch, Fisch, Gemüse, Milchprodukte durch Einsalzen haltbar zu machen – mit der Erfindung des Kühlschranks in Vergessenheit geraten – stößt heute auf wiedererwachtes Interesse. In ihrem schönen Buch »Les Produits du Saloir«, das die »Compagnie des Salins du Midi« herausgibt, finden sich Vorschläge für den Gebrauch von Salz in Küche und Haushalt. Viele der im Buch angegebenen Rezepte, wie der *Salade de cornichons frais marinés,* sind heute wieder aktuell, da einfach zu machen: Man bürstet die *cornichons* gründlich unter fließendem Wasser, trocknet sie ab und schichtet sie dann abwechselnd mit je einer Lage grobem Salz in einen Steinguttopf. In die Mitte gibt man einige Zweige Fenchelgrün. Kühl gestellt, müssen die Gürkchen einige Stunden durchziehen. Dann spült man sie ab, legt sie in eine Schüssel, übergießt mit Olivenöl und gibt ein paar Gewürzkörner, Fenchelsamen, Korianderkörner, Kümmel, darüber. Je nach Geschmack bestreut man mit Estragon, Dill oder Koriandergrün.

Der blutige Stierkampf, die spanische *corrida*, die mit dem Tod des Stiers endet, ist offiziell in Frankreich verboten; dies Verbot wird im Süden stillschweigend umgangen. Aus Städten wie Arles oder Nîmes, Béziers, Céret oder Collioure ist der spanische Stierkampf während der Sommermonate nicht wegzudenken.

In der Camargue, deren Stiere für eine *corrida* zu zierlich sind, werden »les courses camarguaises«, unblutige Stierkämpfe praktiziert. Sie werden auch im kleinsten Dorf wie ein Volksfest gefeiert! Dem Stier werden für diesen Wettstreit farbige Bänder und Troddeln zwischen die Hörner gebunden, die ihm im Verlauf des Spiels von den *razéteurs*, wendigen, geschickten jungen Männern, wie Turner ganz in Weiß gekleidet, abgerissen werden müssen. Der Stier übersteht die Prozedur in jedem Falle lebend,und die Kämpfer können Mut und Schnelligkeit unter Beweis stellen. Die für jedes Spiel vor Beginn ausgesetzten Preisgelder werden im Verlauf des Kampfes vom begeisterten Publikum lautstark durch persönliche Spenden erhöht, ein Grund mehr für die *razéteurs*, ihr Äußerstes zu geben.

Nach dem Kampf kehren alle Stiere zurück auf die Weide zu ihren Herden.

Feinschmecker im Land allerdings goutieren die spanische *corrida*, den blutigen Stierkampf, denn sie honorieren den Tod der Stiere auf besondere Art: Der kulinarische Genuß von »La Gardiane« ist unbestritten! Jeden Montag während der Sommermonate steht »Taureau en gardiane« auf den Speisekarten des Landes, dieses berühmte Gericht aus kleingeschnittenem *viande de taureau*, stundenlang in Rotwein sachte geschmort mit Zwiebeln und vielen schwarzen Oliven.

»Ach«, seufzt meine normannische Campingwirtin, »noch heute habe ich mich nicht an die hiesige Küche gewöhnt! das viele Öl! die Oliven! Paprika! Manchmal träume ich nachts von zartem Rinderfilet mit einer sanften Sahnesoße ...«

Die weiten Wasserflächen der Lagunen werden von den Stieren hoch geschätzt.

Alle Rezepte, die ich aus der Camargue mitgebracht habe, ländliche, zum Teil sehr alte Rezepte, besitzen nur ungefähre Mengenangaben. Man muß ein bißchen experimentieren, das macht aber auch Spaß! Fast alle Gerichte entstammen, so sagt man, der »Cuisine de femmes des gardes-chasse«, der Küche der Jägersfrauen des Landes! Ganz sicher ist diese Küche zumeist deftig und rustikal.

Jean Lafonte, legendärer Manadier der Camargue und vielgerühmter Koch, hat 100 Goldene Regeln für die Küche aufgestellt! Vom Omelettebraten bis zum Grillen von Steaks gibt er viele gute Tips. Wie diese drei:

TOMATEN:

Für einen Salat sollten sie immer geschält werden!

CAVIAR D'AUBERGINES:

Auberginen auf keinen Fall kochen, sondern immer unter dem heißen Grill rösten!

PAPRIKA:

Die großen Früchte müssen enthäutet werden! Man gibt sie, leicht eingeölt, unter den heißen Grill, bis sie fast schwarz aussehen, läßt sie anschließend zugedeckt in einem Gefäß auskühlen. Die Haut läßt sich danach leicht abziehen!

LE RIGUIGNIEU

Schinken in Ei gebacken

1 große Scheibe magerer Schinken
1 bis 2 Eier
Olivenöl

Dies ist ein beliebtes Frühstück der Gardians, das zur Arbeit mitgenommen wird.

Die Schinkenscheibe in das verschlagene Ei tauchen, dann in heißem Olivenöl in der Pfanne goldbraun ausbacken.

Schmeckt warm und kalt gut!

SOUPE COURTE

Schnelle Suppe, so genannt, weil sie schnell zubereitet ist!

Die Zwiebeln fein hacken, die Tomaten in kleine Stücke, concassées, schneiden, alles in heißem Olivenöl anschwitzen. Die gehackten Knoblauchzehen und das bouquet garni dazugeben, mit knapp $^1/_2$ l Wasser 10 Minuten köcheln, salzen.
Die Suppe mit Nudeln oder anderen Teigwaren servieren, nach Belieben mit geriebenem Gruyère bestreuen.

2 Zwiebeln
4 Tomaten
Olivenöl
2 geschälte Knoblauchzehen
1 bouquet garni
Wasser
Salz

SOUPE D'ÉPEAUTRE

Dinkelsuppe

Das Fleisch in große Stücke zerteilen, zusammen mit den geschälten Knoblauchzehen, den Gemüsen, der gespickten Zwiebel, dem bouquet garni, etwas Salz und Pfeffer in einen großen Topf geben, mit Wasser bedecken und kurze Zeit kochen lassen. Nach Belieben eine kleine Mettwurst mitkochen.
Pro Person 1 Handvoll Dinkelkörner in die kochende Suppe streuen, dann alles etwa 3 Stunden lang köcheln. Brühe, Fleisch und Gemüse getrennt servieren.

1 Stück Hammelschulter
Verschiedene Suppengemüse, zum Beispiel Lauch, Sellerie, Karotten, Zwiebeln
2 Knoblauchzehen
1 Zwiebel, mit 2 Nelken gespickt
1 bouquet garni
Salz und Pfeffer zum Würzen
Nach Belieben eine kleine Mettwurst
Dinkelkörner

OMELETTE AUX ARTICHAUTS

Omelett mit Artischocken

Artischocken waschen, äußere harte Blätter entfernen, die inneren längs in feine Streifen schneiden. Bei sachter Wärme 15 Minuten in reichlich Olivenöl dünsten. Die Eier verschlagen, mit Salz würzen, die gedünsteten Artischockenstreifen daruntermischen und das Omelett in heißem Olivenöl goldgelb ausbacken, dabei vorsichtig einmal wenden.

2 kleine junge Artischocken
Olivenöl
3 bis 4 Eier
Salz
Olivenöl zum Braten

LES TELLINES AU BEURRE

◁ Gedünstete Tellinesmuscheln

Reichlich Tellinesmuscheln, die Muscheln sind winzig!
Zwiebeln
Weißwein
1 bouquet garni
Etwas Butter
Knoblauchzehen feinstgehackt
Persilie feingeschnitten

Man findet diese kleine helle Muschel an den Stränden zwischen der Grand-Rhône und Le-Grau-du-Roi. Sie werden auf den Märkten das ganze Jahr über angeboten.
Die Muscheln gründlich reinigen und 1 Stunde in Essigwasser legen. Danach mit gehackten Zwiebeln, Weißwein, dem bouquet garni und der Butter in einer großen Pfanne erhitzen, bis sich alle Muscheln geöffnet haben. Die feinstgehackten Knoblauchzehen mit der Petersilie zu einer *persillade* vermischen und über die Muscheln geben.

Noch begehrter als *moules* oder *palourdes* sind die kleinen rosabeigefarbenen *tellines* von den Sandstränden der Camargue. Man dünstet sie am liebsten mit Knoblauch, Petersilie und Butter. Die winzigen Muscheln werden aus dem tiefen Sand geharkt, sie müssen sehr gründlich gewaschen werden, bevor sie in den Kochtopf wandern!
Während der Sommermonate gehen viele Urlauber an den Stränden der Camargue auf Muscheljagd. Traurige Folge ist, daß – da viel zu viele junge Tiere gefangen werden – der Bestand stark zurückgeht.
Auch für Hobbyfischer ist die Camargue ein guter Platz! An der Küste kann man, nach Einholung der notwendigen Erlaubnisscheine beim örtlichen »Syndicat maritime«, den Seewolf oder Steinbutt fischen, oder auf die Jagd gehen nach Miesmuscheln, Teppichmuscheln, Tellines. An der Großen und Kleinen Rhône verlocken Seewolf, Seezunge und Aale zum Angeln.

LE SANDRE DU VACCARÈS

Zander von Vaccarès ▷

1 Zander, etwa 750 g, küchenfertig vorbereitet
Salz
Olivenöl
Fenchelgrün
Zitronenscheiben
Butter
Trockener Weißwein

Den Zander gründlich waschen, trockentupfen, salzen, mit Fenchelgrün und Zitronenscheiben füllen, etwas Olivenöl darüber träufeln. Den Fisch in eine feuerfeste Form oder auf ein Backblech geben und mit Fenchelgrün und Zitronenscheiben umlegen. Butterflocken daraufsetzen, mit Wein übergießen und im heißen Ofen etwa 20 Minuten garen.

CAVIAR D'AUBERGINES

Auberginenpüree

2 große Auberginen
3 Knoblauchzehen
Salz und Pfeffer
1 Tasse Olivenöl
Saft 1/2 Zitrone

Auberginen längs durchschneiden, mit Salz bestreuen, mit der Schnittseite nach unten zum Wasserziehen 1 Stunde auf einen Rost legen. Dann trockentupfen, das Fruchtfleisch mit einem spitzen Messer leicht einritzen, die Früchte einölen und mit der Schnittfläche nach oben etwa 15 bis 20 Minuten unter den heißen Grill geben. Abkühlen lassen, das Fruchtfleisch mit einem großen Löffel herausschaben, pürieren. Eine andere Methode empfiehlt, die ganzen Früchte mit dem Messer ein paarmal einzustechen, im Ofen bei 180 °C 20 Minuten zu backen, danach kurz in kaltes Wasser zu tauchen und zu enthäuten.
Die geschälten Knoblauchzehen sehr fein hacken, zur Auberginenmasse geben, mit Salz und Pfeffer würzen. Vorsichtig und langsam das Olivenöl unterrühren und danach den Ztitronensaft. Kühl stellen.
Eine moderne Variante nimmt statt des Olivenöls eine feingewürzte Remoulade.
Das Auberginenpüree schmeckt wunderbar auf geröstetem Brot, paßt auch gut zu gegrilltem Fleisch oder Fisch.

TAUREAU EN GARDIANE

Kampfstier-Ragout ▷

1 1/2 kg Stierfleisch
Für die Marinade:
3 Karotten
4 Zwiebeln
2 Schalotten
1 Streifen Orangenschale
2 Nelken
1 Zweig Sellerie
3 Knoblauchzehen
Thymian- und Lorbeerblätter
Salz und Pfeffer
2 Liter Rotwein
2 bis 3 Eßlöffel Olivenöl
2 EL zum Bestäuben
nach Belieben: schwarze Oliven

Das Fleisch in große Stücke schneiden. Aus den angegebenen Zutaten eine Marinade zubereiten, die Fleischstücke eine Nacht darin ziehen lassen.
Am nächsten Morgen das Fleisch herausnehmen, trockentupfen, mit etwas Mehl bestäuben und in heißem Olivenöl anbraten. Die Marinade aufkochen, mit den Oliven über das angebratene Fleisch geben und alles etwa 2 bis 3 Stunden bei sachter Wärme im verschlossenen Topf garen. Vor dem Servieren Orangenschale, Nelken und Lorbeerblätter entfernen.
Natürlich gehört zu La Gardiane, wie dieses Gericht hierzulande auch genannt wird, als Beilage körniger *riz de Camargue* und ein kräftiger roter Sandwein!

Das in alten Kochbüchern angegebene Rezept der gekochten Stierhoden, nicht ganz wahrheitsgetreu Rognons blancs, weiße Nieren, genannt, die nach kurzer Kochzeit in gewürztem Essigwasser enthäutet. feingeschnitten, paniert und in heißem Öl ausgebacken werden, trifft vielleicht nicht den Geschmack aller Hobbyköche! Schon eher tut dies das berühmteste Gericht der Camargue, La Gardiane.

CARBONADA

Hammelfleisch mit Gemüse

1 schönes Halsstück vom Hammel
Einige Knoblauchzehen
1 Handvoll Schinkenspeck, kleingeschnitten
Einige Zwiebeln
Lorbeer- und Salbeiblätter
Tomatenpüree
Weißwein
Salz und Pfeffer
Frische grüne Bohnen und junge Artischocken

Das Fleisch mit den geschälten Knoblauchzehen spicken, zusammen mit Schinkenspeck, Zwiebeln, Lorbeer- und Salbeiblättern und dem Tomatenpüree in heißem Olivenöl anbraten,
dann alles mit Weißwein übergießen, mit Salz und Pfeffer würzen und im verschlossenen Topf etwa 3 Stunden schmoren.
Bohnen und Artischocken knapp garkochen und etwa 10 Minuten vor Ende der Kochzeit zum Fleisch geben.

LE LAPIN DE LA CABANE

Gebratenes Kaninchen

1 Kaninchen, bratfertig
Thymian
Knoblauchzehen, geschält
Nicht zu dick geschnittene Speckscheiben
Olivenöl
Salz und Pfeffer

Das Kaninchen in Stücke teilen, diese mit Thymian und Knoblauch gründlich einreiben. Jedes Teil mit einer Speckscheibe umwickeln, gut anbraten, dann im verschlossenen Topf in reichlich Olivenöl sachte garschmoren, gegen Ende der Kochzeit mit Salz und Pfeffer würzen.

Zum Abschluß ein paar Worte über den Reis!
Obwohl erst seit Ende des Zweiten Weltkriegs in der Camargue beheimatet, hat er sich in der hiesigen Küche einen bedeutenden Platz erobert.
Viele der fast ausnahmslos adaptierten, oft exotischen Rezepte sind heute hier fest eingebürgert und inzwischen zu lokalen Spezialitäten avanciert.
Man unterscheidet zwei Zubereitungsarten: Riz à la créole und Riz à l'orientale.
Für die erstere wäscht man den Reis in einem großen Sieb gründlich unter kaltem Wasser, gart ihn etwa 10 Minuten in Salzwasser – das Reiskorn muß Biß behalten – und spült kurz unter kaltem Wasser ab.
Der orientalische Reis wird im Topf entweder mit Butter oder Öl angeröstet, ohne Farbe zu nehmen, und anschließend etwa 15 Minuten in kochendem Salzwasser im geschlossenen Topf gegart. Auf ein Glas Reis rechnet man 1 1/2 Gläser Kochwasser.

Reisfeld im Frühling.

Reisfeld zur Erntezeit im Herbst.

Musée du Riz de Camargue

Wein und Salz, Austern, Muscheln
und ein alter Kanal:
Heiteres südliches Leben im

LANGUEDOC

»Umzirkt, geweiht, stofflosem Feuer verwoben, ein Erdenstück, zum Licht emporgehoben, gefällt mir dieser Ort, den Flamme traf, gefügt aus Gold, aus Stein und dunklen Bäumen, wo soviel Marmor bebt auf soviel Träumen; das treue Meer hält über Gräbern Schlaf.«

Wirklich berühmt hat Paul Valéry seine Heimatstadt Sète erst nach seinem Tod gemacht. In später von Rilke übersetzten Gedichten besingt er den legendären Cimetière marin, der vom Mont St. Clair hinab über Stadt und Meer schaut. In vielen Terrassen ziehen sich die Gräber über den Berghang und bieten Seeblick für die Ewigkeit!

Fährt man hinauf auf den 750 Meter hohen Berg, hat man vom Aussichtsplateau der »Pierres blanches« einen zauberhaften Rundblick über die Stadt, den Etang de Thau, die riesigen Hafenanlagen: Sète ist nicht nur stark frequentierter Handelshafen, sondern auch der bedeutendste Fischereihafen des französischen Mittelmeers!

Am Strand zwischen Sète und Agde ziehen sonntags Hobbyangler auf die Jagd nach Dorade, Aal und Steinbutt. Stundenlang stehen sie auf den weit ins Meer hinausragenden Steinmolen und warten, daß ein Fisch anbeißt. Selten sieht man in ihren Eimern reiche Beute – Sport ist ihnen wichtiger als materieller Erfolg.

Das läßt sich bei einem Besuch der Altstadt nicht übersehen: Dicht an dicht reihen sich große und kleine Restaurants, lukullisch ist ihr Angebot: Köstliche Mittelmeerfische, alle Sorten Schal- und Krustentiere, vor allem aber die berühmten *huîtres* und *moules de Bouzigues* vom Etang de Thau. 8000 Hektar beträgt dessen Wasserfläche, ein guter Teil davon wird für die Austern- und Muschelzucht genutzt. Zwischen den eleganten Lokalen am Kanal von Sète laden Straßenhändler zu zwanglosen Kostproben von *creuses* und *plats* ein. Im Eiltempo werden dem Gast aus Paris seine *supérieures* geöffnet, er schlürft sie genießerisch, murmelt zwischendrin: »Très très bon, excellent – les Bouzigues sont vraiment les mieux!«

Eine vielbefahrene Straße, die »Route de huître de Bouzigues« umrundet den Etang de Thau. Unvergeßlich ist die Fahrt von Sète nach Agde: Viele Kilometer weit zieht sich ein makelloser Sandstrand zwischen Meer und Lagune hin. Frühmorgens ist es hier besonders schön, wenn das Meer leise an den endlosen Strand schwappt und dahinter die Sonne aufgeht.

Wer den lebhaften Betrieb von Agde meiden will, kann schon vorher am Etang nach Norden abbiegen, das charmante Fischerdorf Marseillan lohnt eine Visite. Auch hier lebt man vom Geschäft mit Austern und Muscheln, hier spielt aber auch der Wein eine wichtige Rolle: Am verträumten Hafen residiert das Haus Noilly Prat! Neben dem Quai liegen seine weitläufigen Lager- und Ausstellungsräume. Unter freiem Himmel altern in vielen tausend hölzernen Fässern die *vins doux* in der scharfen Sonne. Ein kleines Rezeptheft gibt Anregung für den Gebrauch des Vermouth Noilly Prat-sec in der Küche. Aus der breiten Palette des Hauses ist er der einzige, den man auch in Deutschland erhält.

Auf dem Rückweg nach Sète hat sich die Austernstraße von Bouzigues noch einen zweiten, ebenso verlockenden Namen zugelegt: »Route des Vignerons et des Pêcheurs«! Die Einfahrt zur Domaine de Langaran ist nicht zu verfehlen. Wer nur *vin rouge* degustieren will, ist hier am falschen Platz: Albert und Pascal Morin offerieren als ihre Nummer Eins den herben Picpoul de Pinet, Spezialität des Pays de Thau und adäquater Begleiter zu Muscheln und Austern des Bassins. Der Picpoul ist unverwechselbar in seiner leuchtendgrünen Flasche mit den markanten Rillen am Flaschenhals. Natürlich kommen auch Rotweinliebhaber auf ihre Kosten: Die samtigen Costières de Pomérols haben viele Freunde.

Am nördlichen Ufer des Etang de Thau, zu beiden Seiten der Uferstraße zwischen Mèze und Bouzigues, verlocken zahllose Verkaufsstände mit delikatem Angebot: Alle Muscheln des Mittelmeers, dazu Austern in den verschiedensten Größen und Sorten wetteifern um die Gunst des Käufers.

LA TOUR SARRASINE ★★★
LIBRE SERVICE
AU CENTRE VILLE
ALIMENTATION GENERALE
PRESSE
A GAUCHE EN BAS
à 20 m
TELEPHONE

In den kleinen Häfen am Canal du Midi scheint die Zeit stehen geblieben zu sein! Nur die zahlreichen Hausboote, die im Sommer über den Kanal mit seinen vielen Schleusen schippern, tragen einen Hauch weite Welt in die Beschaulichkeit der kleinen Dörfer wie Poilhes oder Argens. In den Häfen können die Freizeitkapitäne Wasser tanken und Vorräte auffüllen, und jederzeit stehen die Anwohner für einen gemütlichen Plausch bereit. Aber kurz hinter Béziers, auf dem Weg durch die *neuf écluses de Fonsérannes*, haben Hobbyschiffer alle Hände voll zu tun, ihre nicht allzu wendigen Schiffe durch die Schleusenbecken zu navigieren.

Elegante Häuser des Fin de siècle säumen die breite Prachtstraße »Les allées de Paul Riquet« in Béziers. Im Sommer trifft sich hier, zu Füßen der Statue des genialen Riquets, die halbe Stadt zum Flanieren oder um die zahllosen Cafés zu bevölkern. Ein altes Karussell dreht sich für die Kleinen, und freitags, beim *Marché aux fleurs*, ist die ganze prächtige Straße ein einziges Blumenmeer.

Eines der großen Wunderwerke des Südens ist der Canal du Midi! Der Steuereinnehmer und Ingenieur Riquet aus Béziers hatte die geniale Idee, Mittelmeer und Atlantik zu verbinden. Zwischen Sète und Toulouse sollte ein Kanal geschaffen werden, der bei Toulouse in die zum Atlantik führende Garonne mündet.

Erst nach langem Bemühen findet dieser Gedanke Resonanz am Pariser Hof. Im Jahr 1667 gibt Ludwig XIV seine Genehmigung zum Beginn der Grabungsarbeiten. 12 000 Menschen arbeiten 15 Jahre lang an diesem gewaltigen Projekt, 1681 wird es beendet. Sein genialer Erfinder hat dies nicht mehr miterlebt, Paul Riquet stirbt ein Jahr vor der Vollendung seines Lebenswerks. Die wirtschaftliche Bedeutung des Canal du Midi ist jahrhundertelang immens. Erst die Eröffnung der Eisenbahnlinie Sète – Toulouse schmälert seine Bedeutung.

Heute dient der alte Wasserweg fast ausschließlich der Freizeitschiffahrt. Und wirklich: Eine Fahrt auf dem Canal du Midi ist ein hochromantisches Erlebnis! Malerisch schimmern die silbrigen Grüntöne des stehenden Wassers, die alten, dicht zusammengewachsenen Platanen lassen nur wenig Licht durch ihre Blätter hindurchfallen. Langsam ziehen die Schiffe am Ufer entlang, maximal acht Stundenkilometer dürfen sie auf dem Kanal fahren! Auf den schmalen Treidelpfaden links und rechts der Wasserstraße, auf denen heute die Jogger trainieren oder Spaziergänger schlendern, zogen vor drei Jahrhunderten fleißige Pferde die schwerbeladenen Schleppkähne. Der »Schnelle Postverkehr«, ein von drei

Pferden gezogenes Post- und Passagierschiff, schaffte die Strecke Toulouse-Sète in fünf Tagen!

Alte Rundbogenbrücken aus Natursteinen, zahllose kleine, handbetriebene Schleusen, 64 an der Zahl, erstaunliche Aquädukte bieten vielfältige Abwechslung auf dem 240 Kilometer langen Wasserweg. Für das 17. Jahrhundert ist diese Anlage ein phantastisches Stück Technik! Wunderbarerweise hat es die Landschaft nicht verschandelt, sondern sie im Gegenteil verschönt. Der Kanal ist ein Stück lebendige Poesie.

Unterschiedliche Schiffe ankern im Hafen von Villeneuve-les-Béziers, der außer seinem freundlichen Restaurant am Kanalufer einen sehr angenehmen Campingplatz bietet. Neben den gemütlichen *pénichettes*, voll eingerichteten Hausbooten, liegen hier auch schnittige Privatyachten, hochseetüchtige Schiffe zum Teil. Ein besonders elegantes Exemplar gehört einem Belgier, der fast das ganze Jahr auf seiner Yacht verbringt. Nur im Winter pausiert er einige Wochen und läßt sein Nobelschiff auf der Werft von La Grande Motte überholen. Das Ehepaar aus Holland lebt neun Monate des Jahres an Bord ihres Schiffes, zusammen mit dem Hund Janou. Die Bordküche ist komplett eingerichtet, Warmwasser eine Selbstverständlichkeit. Spezialität des kochenden Kapitäns: Les moules de l'Etang de Thau, wenige Kanalecken weiter Richtung Mittelmeer! Mijnheer dünstet seine Muscheln in reichlich Wein und serviert sie mit einer provenzalischen *aïoli* und viel knackfrischem Salat.

Wer in Béziers nach dem Château de Raissac fragt, bekommt widersprüchliche Auskunft – es gibt nämlich deren zwei! In einem der beiden verkauft Monsieur Viennet die Weine des Weinguts Raissac, im anderen stellt seine Frau Christine im ehemaligen Marstall ihre schönen Trompe l'œil-Keramiken aus. Eine zauberhafte Sammlung alten Porzellans begeistert Freunde kostbarer Faïencen.

Das Oppidum d'Ensérune blickt auf den alten trockengelegten Etang de Montady. Sternförmig laufen die Entwässerungsgräben zur Mitte hin zusammen, das aufgefangene Wasser wurde in einen benachbarten See abgeleitet. Bis zu 10 000 Menschen hat diese frühe Ansiedlung aus dem 6. Jahrhundert v.Chr. später beherbergt! In den rekonstruierten Hütten rund um den Hügel sieht man große, tief ins Erdreich eingegrabene Tongefäße, die zur Aufbewahrung der Lebensmittel dienten.

Im ehemaligen Marstall des Château de Raissac bei Béziers arbeitet Christine Viennet in ihrem geräumigen Atelier, sie entwirft bezaubernde Trompe l'œil-Keramiken. In kleinen stilvoll dekorierten Kojen, den ehemaligen Pferdeboxen, stellt sie ihre Arbeiten aus. Von süß bis salzig ist alles vorhanden, was das Herz des Gourmets begehrt: Kaviar und Lachsforelle, Hummer und gebratenes Hähnchen, Wachteln und Mini-Artischocken. Die *baguette* verlockt zum Hineinbeißen – aber Vorsicht: Alles ist nur schöner Schein!

Während des Kunststudiums lernte Madame Viennet ihren Mann kennen, einen passionierten Maler, hauptberuflich aber *vigneron* de Raissac. Außer eigenen Arbeiten zeigt Christine Viennet im Marstall eine Sammlung edlen Porzellans, alle Manufakturen von Rang sind mit ausgewählten Stücken präsentiert. Ein Porzellanmuseum ist geplant.

Auf meine Frage, wer im Hause Viennet den Kochlöffel schwingt, lacht Christine. Sie sei nur zuständig für die nicht eßbaren Genüsse, meint sie, Koch im Hause Viennet ist ihr Mann! Ein Lieblingsrezept der Beiden sind *Les Huîtres Chaudes au Viognier de Raissac.*

Die Nationalstraße von Béziers nach Carcassonne wird vom Kanal begleitet, in weiten Schleifen und vielen Windungen fließt er von Ost nach West, schon von ferne zu erkennen an den alten Platanen, die sich gleich einem breiten dunkelgrünen Band durch die Landschaft ziehen. Verwunschene kleine Häfen liegen nicht weit von der Hauptstraße, hier trifft man sie noch, »la France profonde«, die tiefe Provinz. Seit den Zeiten Paul Riquets hat sich wenig verändert. Nur die vorüberfahrenden Hausboote bringen einen Hauch 20. Jahrhundert in das zeitlose Ambiente.

Liebhaber alter Bücher zieht es zum kleinen Hafen Le Somail! Neben der winzigen Kirche und dem alten Turm, früher Lagerplatz der hiesigen Eisfabrik, hat sich ein Antiquariat in einer alten Scheune eingerichtet: Über zwei Stockwerke hoch ziehen sich vollbeladene Bücherregale, in staubgeschützten Vitrinen stehen bibliophile Raritäten.

Am Port von Le Somail ankern nicht nur Hausboote auf der Durchreise, sondern auch alte Lastkähne, für immer fest vertäut am Ufer: Aussteiger aus aller Herren Länder lieben die romantische Stimmung und das südliche Leben am Ufer des Kanals. Nur in den wenigen dunklen Wintermonaten sind die mitunter kunstvoll renovierten Wohnschiffe verlassen und leer.

Der Kanal durchzieht weite Teile des Minervois. Die herbe Landschaft blickt auf eine traurige Vergangenheit zurück. Unerbittlich wurden die vielen hier lebenden Katharer verfolgt. Legende geworden sind die Worte des Abts Amaury, der kurz nach Beginn der Katharer-Kreuzzüge im Jahr 1209 die Stadt Béziers dem Erdboden gleichmachen ließ, weil dessen Bürger sich weigerten, unter ihnen lebende Katharer auszuliefern. »Tötet sie alle, Gott wird die Seinen erkennen«, soll er befohlen haben.

Noch heute kann man sich trauriger Gedanken nicht erwehren, wenn man durch das sorglose, elegante Béziers schlendert.

Vom 11. bis ins 16. Jahrhundert liegt der Weinanbau des Pays d'Oc ausschließlich in den Händen der Klöster. Vor Neugründung einer Kirchenanlage prüften die Mönche genau, ob sich das umliegende Land für einen Weinanbau eignete. Zum sprichwörtlichen »Weinmeer des Südens« wird das Languedoc erst im 20. Jahrhundert. Heute produziert man hier etwa die Hälfte des gesamten französischen Weins. Die Verwendung edlerer Rebsorten und Reduzierung der Ertragsmengen führen zur Verbesserung des einfachen *vin de table*. Die Verleihung der begehrten »Appellation Contrôlée« ist Ziel jedes *vignerons* im Languedoc.

St. Jean-de-Minervois, Heimat des berühmten *muscat de petits grains*, bietet viele kleine *caves*. ▷

DOMAINE
MiCHEL SiGÉ
MUSCAT A.O.C MINERVOIS ROUGE
100 m

Die Cité von Carcassonne ist ein Nationalheiligtum! Dem Getümmel in den alten Gassen entgeht, wer über die beiden äußeren Mauerringe der Wallanlagen wandert. 38 Türme kann er hierbei bestaunen!

Der von Papst Innozenz III aufgerufene Kreuzzug hat im gesamten Minervois grausame Spuren hinterlassen. Aber wenn die strahlende Sonne des MIDI auf die grenzenlose Weite der Weinfelder herabscheint, die dicken blauen Trauben aus dem grünen Weinlaub leuchten, sind die traurigen Geschichten schnell vergessen. Rechts der Straße nach Carcassonne fährt man durch die Weinhügel hinauf nach St. Jean-de-Minervois und seinem legendären *muscat de petits grains*, einem bernsteinfarbigen Wein, leuchtend wie die Sonne selbst, mit einem leichten Duft von Akazienblüten und Zitronenmelisse. Seine berühmten kleinen Trauben wachsen auf 460 Hektar steinigem kalkreichem Bergland inmitten der Garrigue. Wenn man durchs Dorf bummelt, öffnen sich die Haustüren – alte Mütterchen bieten den beliebten *vin doux* im Privatverkauf zu besonders günstigem Preis: Merci und santé! Dieser Wein ist wahrlich ein göttlicher Tropfen.

Carcassonne! Der Name klingt wie ein Fanfarensignal, er bedeutet Besuchspflicht für alle, die das Midi erkunden, freudige und leidige Pflicht zugleich: Erbarmungslos boomt der Tourismus in der Cité wie nirgendwo sonst.

Die uneinnehmbare Cité, Grenzfestung zwischen Frankreich und Spanien, verliert ihre strategische Bedeutung mit Unterzeichnung des Pyrenäenvertrages im Jahre 1659. In den folgenden Jahrhunderten verfällt der gewaltige Bau. Erst der Initiative von Prosper Merimée, engagiertem Inspekteur historischer Monumente Frankreichs, sind die nachfolgenden Restaurierungsarbeiten zu verdanken, durchgeführt von dem berühmten Architekten Violett-le-Duc.

Der bekannte Wettstreit um Urheberschaft des berühmten Gerichts *Le Cassoulet* bewegt auch heute noch die Gemüter in Carcassonne, dem benachbarten Castelnaudary und Toulouse! Der Reisende goutiert den üppigen Bohnentopf hier gleichermaßen wie dort. Das Cassoulet ist ein mächtiges Gericht, so manchen bringt schon der unvergleichliche Duft, der aus der ofenheißen Tonschüssel aufsteigt, zum Träumen …
»Mir geht das Herz auf, wenn ich an die schöne Zeit im Schloß von Fanjeaux denke, es war ein Paradies« Der berühmte Troubadour Peire Vidal besingt mit diesen Worten die einstmals so reiche und bedeutende Stadt im Süden von Carcassonne. Viele Troubadoure Okzitaniens besangen im Schloß Fanjeaux die Katharischen Damen, die hier zu Parfaites ausgebildet wurden.
Noch von einem anderen bedeutenden Namen berichtet die Geschichte der Stadt: Der Heilige Dominikus unternahm von hier aus seine berühmten und bewegenden Predigtreisen, um auf friedlichem Wege die ketzerischen Katharer zu bekehren. Im Maison Dominique führen heute freundliche Nonnen durch das einstige Wohnhaus des späteren Ordensgründers der Dominikaner.

Madame Veillerose, wohnt in Aigues-Vives, nicht weit von Fanjeaux. Aus dem geöffneten Fenster duftet es verlockend: Madame Veillerose kocht *confiture aux figues*! Auf dem Herd dampft der gußeiserne Topf und verbreitet würzig-süßen Duft. Hier ihr Rezept: »Très simple,« sagt sie, »man darf nur die Zitronen nicht vergessen!«
Man wäscht 2 kg reife Feigen , legt sie ganz oder halbiert in einen Topf, gibt den Saft von 2 Zitronen sowie 1,5 kg Zucker darüber und stellt eine Nacht lang kühl. Am nächsten Morgen kocht man alles vorsichtig unter häufigem Rühren auf und läßt 30 Minuten bei schwacher Hitze köcheln. Mit einem Holzlöffel nimmt man die Früchte heraus und füllt sie in Gläser. Die zurückbehaltene Flüssigkeit wird weitere 15 Minuten eingekocht und über die Feigen in die Gläser gefüllt, die man danach gut verschließt.

LA BOURRIDE DE SÈTE

Fischsuppe aus Sète

Für die Court-Bouillon:
Etwa 3/4 Liter Wasser
Thymian- und Lorbeerblätter, Fenchelgrün
2 Zwiebeln, in Scheiben geschnitten
1 Streifen Orangenschale
Salz
Filetstücke von Seeteufel, Barsch, Merlan, Rascasse.
Einige Brotscheiben, gewürfelt
Für das Aïoli:
Einige abgeschälte Knoblauchzehen, pro Person rechnet man 2 Stück
2 Eigelbe
Salz
Oltivenöl Vierge Extra
Wenig Zitronensaft

Aus Wasser, Thymian- und Lorbeerblättern, Fenchelgrün, Zwiebeln, Orangenschale und Salz eine Court-Bouillon herstellen. Aufkochen lassen. Die gewaschenen, zerteilten Fischfilets hineingeben, 8–10 Minuten sieden lassen.
Für das Aïoli die geschälten Knoblauchzehen im Mörser gründlich zerquetschen, vorsichtig die Eigelbe, Salz und tropfenweise das Öl und den Zitronensaft darunterrühren. Die Brotstückchen mit heißer Bouillon tränken und in vorgewärmte Suppenschalen legen. Den Fisch aus der Suppe nehmen und warmstellen. Das Aïoli langsam in die Suppe einrühren und diese dabei nicht mehr kochen lassen. Alles solange kräftig verschlagen, bis die Suppe leicht eindickt. Heiß über die Brotstückchen geben, den Fisch getrennt servieren.

LA SOUPE AUX MOULES

Muschelsuppe

Etwa 50 Muscheln
Einige Schalotten
Lorbeerblätter
1 EL Butter
1 Liter Wasser
Das Weiße einer Lauchstange
200 g Reis
1 Prise Safran
Salz und Pfeffer

Die Muscheln gründlich unter fließendem Wasser bürsten und waschen, offene Muscheln aussortieren. Zusammen mit den gehackten Schalötten, Lorbeerblättern, einem EL Butter und dem Wasser in einen Schmortopf geben. Zugedeckt einige Minuten kochen, bis sich alle Muscheln geöffnet haben. Das Kochwasser durch ein feines Sieb in einen Topf gießen, die Muscheln aus ihren Schalen lösen, beiseitestellen. Den fein geschnittenen Lauch in etwas heißem Öl andünsten und zum Muschelwasser geben, aufkochen und den Reis einstreuen, ebenso die Prise Safran. Mit Salz und Pfeffer würzen. Etwa 10 Minuten durchkochen, dann die Muscheln dazugeben. Nochmals erhitzen, sehr heiß in tiefen Suppenschalen servieren.

LE SAUTÉ DE LOTTE AUX COURGETTES ET TOMATES FRAÎCHES

Sautiertes Seeteufelfilet mit Courgettes-Tomatengemüse

800 g Seeteufelfilet
Sonnenblumenöl, Olivenöl
1 kg Courgettes
Salz und Pfeffer
6 reife Tomaten
Basilikum
Zitrone

Den Fisch in einer Pfanne bei starker Hitze in einem Gemisch aus Sonnenblumen- und Olivenöl anbraten. Courgettes in große Stücke schneiden und zum Fisch geben, salzen und pfeffern und bei zurückgenommener Wärme weiterköcheln. Wenn die Courgettes knapp gegart sind, die enthäuteten, geviertelten und entkernten Tomaten dazugeben, ebenso das feingeschnittene Basilikum. Bei starker Hitze alles weitere 2 bis 3 Minuten sautieren und auf vorgewärmten Tellern mit je einer Zitronenecke servieren.

»Bon appétit« schreibt der Koch der »Berges du Canal« in Villeneuve-les-Béziers unter sein Rezept! Ich hatte ihn um ein mediterranes Gericht des Languedoc gebeten.
In dem hübschen Restaurant am Kanalufer kocht er abwechslungsreiche Mittelmeerküche, natürlich bringen es die Nähe von Meer und Etang de Thau mit sich, daß überwiegend Fisch- und Muschelgerichte auf der Speisekarte angeboten werden.

BROCHET FARCI

Gefüllter Hecht

1 mittelgroßer Hecht, küchenfertig vorbereitet
2 EL Olivenöl
Salz und Pfeffer
Für die Füllung:
1 dicke Scheibe Schinkenspeck, fein gewürfelt
3 gehäufte EL zerriebenes Weißbrot
2 Eigelbe
3 feingehackte Knoblauchzehen
1 Handvoll feingeschnittene Salbeiblättchen
Salz und Pfeffer
Butter für das Backblech

Den Fisch waschen, trockentupfen, von innen leicht salzen und pfeffern. Aus den angegebenen Zutaten die Füllung zubereiten, den Hecht damit füllen und die Bauchseite mit Zahnstochern fest verschließen. Ein Backblech gut buttern, den Fisch darauflegen und mit dem Öl beträufeln. Auf der Mittelschiene im vorgeheizten Backofen bei 200 Grad C 25 bis 30 Minuten garen.

PETITS FAGOTS D'HUÎTRES AUX LÉGUMES ET AU LARD FUMÉ

Austern mit Gemüse im Speckmantel ▷

2 Zucchini
4 Karotten
2 Stengel Sellerieblätter
20 Austern
20 dünne Scheiben Schinkenspeck
1 Bund Schnittlauch

Zucchini und Karotten in gleichlange feine Stifte schneiden, Sellerieblätter zerteilen. In heißem Salzwasser bißfest garen, dann abgießen und auskühlen lassen. Die Austern öffnen, aus ihren Schalen nehmen. Das Austernwasser durch ein feines Sieb in einen Topf geben, erhitzen und darin die Austern 20 bis 30 Sekunden pochieren. Abgießen und auskühlen lassen.
Austern, Gemüsestreifen und Sellerieblätter trockentupfen. Jeweils 1 Auster und ein Bündelchen Gemüse mit einem Speckstreifen umwickeln und mit einem Stengel Schnittlauch zusammenbinden. Die kleinen Austernpäckchen auf eine feuerfeste gebutterte Platte legen und unter dem heißen Grill von beiden Seiten etwa jeweils 3–4 Minuten übergrillen. Heiß auf vorgewärmten Tellern oder – als Gag – in den gereinigten tiefen Austernschalen servieren. Ein Aïoli und frisches Weißbrot dazu reichen.
Ein Glas Picpoul de Pinet vom Ufer des Etang de Thau paßt hierzu vorzüglich!

LES HUÎTRES CHAUDES AU VIOGNIER DE RAÍSSAC

Warme Austern mit Viognier

12 Austern
1 Bund Schnittlauch
1 Stück Butter
Pfeffer
Viognier de Raíssac

Austern öffnen und ihr Wasser abgießen. Die gefüllten Schalen auf eine feuerfeste Platte setzen. Schnittlauch fein hacken und mit Butter vermengen, leicht pfeffern. Auf jede Auster etwas Schnittlauchbutter geben und 1 EL Viognier. Die Austernplatte 2 bis 3 Minuten unter den sehr gut vorgeheizten Grill schieben. Heiß mit Weißbrot und einem Glas gekühltem Viognier servieren!

Christine Viennet aus Béziers ist Autorin dieses Rezepts, besser gesagt wohl ihr Mann Jean! Der erwähnte Viognier ist ein besonders aromatischer, fruchtiger Weißwein aus der Gegend von Cendrieu bei Valence, den die Viennets vor einigen Jahren im Languedoc angebaut haben. Die Rebsorte ist selten, der Wein eine Rarität.

SAUTÉ DE VEAU AUX CITRONS CONFITS

Kalbsragout mit eingelegten Zitronen
Ein Rezept aus dem Hause Salins du Midi! ▷

750 g Kalbsschulter, in große Stücke zerteilt
3 EL Olivenöl
1 große Zwiebel
2 in Salz eingelegte Zitronen
1 Glas trockener Weißwein, z. B. Picpoul de Pinet
2 Dutzend violette Oliven
1–2 kleine Zucchini, in dicke Scheiben geschnitten
Salz und Pfeffer

Die Fleischstücke von allen Seiten in heißem Olivenöl anbraten. Dann die geachtelte Zwiebel und die Zitronenschalen (Fruchtfleisch vorher mit einem scharfen Messer entfernen) zum Fleisch geben, mit dem Wein übergießen und etwa 45 Minuten bei sachter Hitze im zugedeckten Topf dünsten. Etwa 10 Minuten vor Ende der Kochzeit die entkernten Oliven und die Zucchini dazugeben und mit Salz und Pfeffer würzen.

LES CITRONS CONFITS

In Salz eingelegte Zitronen

Zitronen, ungespritzt
grobes Salz

Genau wie das Rezept Sauté de veau ein Vorschlag aus dem Rezeptbuch des Hauses Salins du Midi!

Eingesalzene Zitronen sind eigentlich eine Spezialität der marokkanischen Küche, ihr Geschmack harmoniert mit grünen oder violetten Oliven und frischem Koriandergrün.
Die gründlich gewaschenen Zitronen gut abtrocknen, vierteln, aber nicht ganz durchschneiden und reichlich mit grobem Salz bestreuen. Danach die Viertel wieder gut zusammendrücken, in ein hohes Steingut- oder Glasgefäß schichten und fest zusammendrücken. Wenn das Gefäß knapp gefüllt ist, eine Untertasse auf die Zitronen legen, diese mit einem Gewicht beschweren und das Gefäß mit lauwarmem Wasser auffüllen. Nach etwa 4 Wochen sind die Zitronen gebrauchsfertig! Die dicke Haut, die sich an der Oberfläche bildet, nimmt man vor dem Herausnehmen der Früchte ab und setzt sie hinterher vorsichtig wieder darauf.
Genau wie Zitronen lassen sich auch Kapern gut in Salz einlegen, nur ist es schwierig, frische unbehandelte Kapern aufzutreiben! Kapern sind Blütenknospen des Kapernstrauchs, der seit dem Altertum am Mittelmeer heimisch ist. Man konserviert sie in Frankreich in Essig, in Italien, dem bedeutendsten Erzeugerland, auch in Salz.

Blanc
de
1994

BRANDADE DE MORUE

Stockfisch-Püree ▷

500 g weißer Stockfisch
1 Lorbeerblatt
8 Knoblauchzehen
1 1/2 dl fruchtiges Olivenöl
2 EL feste Crème fraîche
Weißer Pfeffer

Den Stockfisch über Nacht in reichlich kaltem Wasser entsalzen, wenn möglich, das Wasser ein- bis zweimal erneuern
Am Morgen den Fisch herausnehmen und in heißem Wasser mit dem Lorbeerblatt 5 Minuten pochieren. Noch warm zusammen mit den geschälten und gehackten Knoblauchzehen in einem großen Mörser oder einer Schüssel zerstampfen und langsam das Öl dazugeben, bis ein cremiges Püree entsteht. Crème fraîche unterrühren und mit Pfeffer würzen. Zu gerösteten Brotscheiben servieren.
In Nîmes backt man dieses Püree in Blätterteig! Auch als Füllung von Ravioli wird es im Languedoc gerne gegessen.

POIVRONS FARCIS À LA BRANDADE

Paprikaschoten mit Brandadefüllung

8 kleine rote Paprika
Brandade (Zubereitung siehe oben)
2 EL Olivenöl
8 geschälte ganze Knoblauchzehen
Butter für die Form

Die Paprikaschoten aushöhlen, entkernen, waschen, tockentupfen. Mit der Brandade gut dreiviertel voll füllen, in eine gebutterte ofenfeste Form setzen und die Knoblauchzehen dazwischenstreuen. Alles gut mit Olivenöl beträufeln. Im vorgeheizten Ofen bei 200 Grad C auf mittlerer Schiene 30 Minuten backen. In der Form erkalten lassen und servieren.

CASSOULET

Weißer Bohnentopf
Nach einem Rezept aus Carcassonne!

500 g weiße Bohnen
Frische Schweineschwarten
1 bouquet garni
6 Knoblauchzehen, geschält
1 Zwiebel, mit Nelken gespickt
1 Möhre
2 EL Gänsefett
500 g Hammelschulter
250 g Schweinenacken
5 Zwiebeln
2 EL Gänsefett
5 reife Tomaten
Salz und Pfeffer
1 Glas Confit d'oie, eingemachte Gänseteile, oder eine frische kleine, in heißem Gänsefett rundum angebratene Gänsekeule
Evtl. 4 kleine Knoblauchwürstchen
2 EL Semmelbrösel
Gänsefett

Die Bohnen eine Nacht in kaltem Wasser einweichen. Am nächsten Morgen in reichlich frischem Wasser zum Kochen bringen und zusammen mit den Schwarten, dem bouquet garni, den geschälten Knoblauchzehen, einer mit zwei Nelken gespickten Zwiebel, 1 Möhre und 2 EL Gänsefett im verschlossenen Topf 1 1/2 Stunden kochen.
Das gewürfelte Hammel- und Schweinefleisch und die geviertelten Zwiebeln in einem großen Schmortopf mit dem Gänsefett gut anbraten, die abgezogenen, geviertelten Tomaten dazugeben, mit Salz und Pfeffer würzen, mit etwas Bohnenkochwasser bedecken und ebenfalls 1 1/2 Stunden köcheln.
Schwarten, bouquet garni, Möhre und gespickte Zwiebel aus dem Bohnentopf herausnehmen, eventuell noch vorhandene Flüssigkeit abgießen und aufheben. 2/3 der Bohnen in eine große irdene, feuerfeste Terrine geben. Die gekochte Möhre in Scheiben schneiden und mit dem Fleisch, den streifig geschnittenen Schwarten, den Gänseteilen, eventuell den zerteilten Knoblauchwürstchen auf die Bohnen legen.
Mit den restlichen Bohnen bedecken, dabei 3 bis 4 cm vom Schüsselrand frei lassen. Mit Fleischbrühe und eventuell noch etwas Bohnenkochwasser bis zum Schüsselrand auffüllen. Wieder in den Ofen geben und bei 150 Grad C weitere 2 Stunden garen.
Dann die Schüssel herausnehmen, mit den Semmelbröseln bestreuen, kleine Flocken Gänsefett daraufsetzen und unter dem heißen Grill goldbraun überkrusten.
Man kann das Gericht auch in feuerfesten Portionstöpfchen kochen, muß dann alle Zutaten entsprechend aufteilen.

CONFIT DE CANARD

Eingemachte Ente

1 Ente, küchenfertig vorbereitet und in große Stücke zerteilt
1 großes Glas Wasser
3 EL Gänsefett
2-3 EL Salz

Die Haut und alles Fett gründlich von den Ententeilen abtrennen, die Haut in Stücke schneiden. Das Wasser mit dem Gänsefett in einem großen Topf aufkochen, die Entenstücke einlegen und zugedeckt eine gute Stunde garen lassen, dann das Salz darüberstreuen und weitere 20 Minuten köcheln. Die Fleischstücke aus dem Topf nehmen, in einen hohen Steinguttopf o.ä. legen und die Kochflüssigkeit so darübergießen, daß alles Fleisch bedeckt ist. Erkalten lassen, Topf zubinden und kühl stellen.
Das Rezept läßt sich genauso mit Gans oder anderem Geflügel zubereiten. Beim Gänseconfit entfällt die zusätzliche Zugabe von Gänsefett.

LA FRICASSÉE DE LIMOUX

Frikassee aus Limoux

750 g Schweinelende in Stücke geschnitten
1 l Wasser
2-3 Gläser Blanquette de Limoux
1 feingehackte große Zwiebel
1 bouquet garni
Salz und Pfeffer
1 Eigelb
2 EL Olivenöl
Gedünstete grüne Bohnen

Die Fleischstücke in einen breiten Topf legen, Wasser, Wein, Zwiebel und bouquet garni dazugeben und mit Salz und Pfeffer würzen. Aufkochen lassen und bei sachter Wärme 1 1/2 Stunden garen. Danach die Fleischstücke aus dem Topf nehmen, abtropfen lassen, in eine Kasserolle geben, diese warm stellen. Eigelb und Öl vorsichtig zu einer Mayonnaise verrühren, mit etwas Kochflüssigkeit mischen und diese Soße über das Fleisch gießen. Langsam erwärmen, aber nicht mehr kochen lassen. Auf dem Teller mit grünen Bohnen anrichten.

PEZENAS

PETITS PATÉS DE PÉZENAS

◁ Kleine Kuchen aus Pézenas

Für den Teig,
ergibt 12–15 Stück:
1/8 l Wasser
50 g Butter
250 g Mehl
1 Prise Salz

Für die Füllung:
100 g mageres Hammelfleisch, durchgedreht oder in sehr kleine Stücke geschnitten, – wer den Hammel-Geschmack nicht liebt, kann auch Rinderhack nehmen
1 EL Nierenfett vom Hammel oder Rindertalg
150 g Farinzucker
1 Eigelb
1 EL Semmelbrösel
Salz und Pfeffer
Abrieb 1 Zitrone
1 Eigelb zum Bestreichen

Das Rezept ist nicht ganz einfach und erfordert Zeit und technisches Können!
Wasser in einer Kasserolle erhitzen, Butter und Mehl hineingeben und unter ständigem Rühren 5 Minuten kochen. Die Masse erkalten lassen, anschließend sehr dünn ausrollen. 30 runde Teigplatten von 4 cm Durchmesser ausstechen. Restlichen Teig erneut ausrollen und 15 Teigstücke von 6 × 13 cm ausschneiden. Diese Teigstücke an den Schmalseiten anfeuchten und zu einem kleinen Turm zusammenkleben. Jeden Teig-Turm auf eine ausgestochene Kreisform setzen, auch hier die Teigränder anfeuchten und sorgfältig zusammenkleben, damit später die kleinen Türme beim Backen nicht aufplatzen! Nun die restlichen 15 Teigplatten, in die man vorher drei kleine Öffnungen gepikt hat, lose oben auf die Teig-Türme setzen und alles im Kühlschrank einige Tage trocknen lassen.
Dann die Füllung bereiten: Das Hammelfleisch, das fein zerschnittene Fett, Farinzucker, Eigelb, Semmelbrösel, Salz, Pfeffer und Zitronenabrieb zu einer Farce verkneten.
Hiermit die Teigtürme füllen und die Deckelchen daraufsetzen. Die *petits patés* vorsichtig auf ein gefettetes oder mit Backpapier ausgelegtes Backblech stellen, mit Eigelb bestreichen und bei 180 Grad C im Backofen etwa 30 Minuten backen. Warm servieren.

Lord Clive, Gouverneur Indiens und 1770 zu Gast in Pézenas, soll dieses Rezept kreiert haben; sein ihn begleitender indischer Koch hat die Idee realisiert, und noch heute ist die Stadt stolz auf dieses aparte Backwerk.

Sandwein aus dem Hause Listel.

Der *vin de sables* wächst bis fast an die gewaltigen Mauern von Aigues-Mortes heran.

WEIN IM LANGUEDOC

»Das Midi des Qualitätsweins teilt sich in vier Regionen. Dies sind, von Süden nach Norden gesehen, das Roussillon mit den Ausläufern der Pyrenäen, am berühmtesten durch süße Aperitif- und Dessertweine, dann das Rotweinland Corbières, das kleine Minervois in den südlichsten Ausläufern der Cevennen, am bekanntesten durch Rotwein, und schließlich das weit zerstreute Anbaugebiet Coteaux de Languedoc mit seinen anständigen Rot-, Weiß- und Roséweinen. Sie bilden Inseln in einem Ozean von *vin ordinaire.*« So urteilt der Weinfachmann Hugh Johnson über die Weingegenden des MIDI.

Fährt man in entgegengesetzter Richtung, nämlich vom Nordosten des MIDI in seinen Südwesten, begegnen einem als erstes die weitläufigen Anbaugebiete des *Vin de sables* an den Küsten des Golfe du Lion.

Hier besitzen die Weingüter der Domaine Listel mit 80 % den größten Anteil an der gewaltigen Produktion dieses Vin de Pays du Golfe du Lion. Die Trauben wachsen auf Sandböden, angetragen von Wind und Meer. Sie überstanden als einzige im gesamten MIDI die verheerende Reblausseuche im letzten Jahrhundert. Die weiten Rebenfelder lassen heute fast überall Maschinenbearbeitung zu. Hohe Schilfanpflanzungen sorgen zwischen den Rebzeilen für Schutz vor den scharfen Mittelmeer-Winden. Die auf 1400 Hektar Sandboden geernteten, nicht allzu großen Trauben erbringen trockene Rot-, Weiß- und Roséweine, die jung, bereits nach einjähriger Lagerung, getrunken werden können.

Auf den steinigen Böden zwischen Nîmes und der Camargue wachsen die Reben für den süffigen Costières du Gard, und auch der beliebte Clairette de Bellegarde, ein AOC-Weißwein, stammt aus dieser Gegend.
Zwischen Montpellier, Béziers, Carcassonne und Narbonne etwa befindet sich das legendäre »Weinmeer des Languedoc«. Die hier produzierten Coteaux de Languedoc erbringen in einigen Lagen absolute Spitzenerzeugnisse, wobei Preis und Leistung – wie im gesamten Languedoc – in einem ausgewogenen Verhältnis zueinander stehen.
Namhaft sind die roten Weine von Saint-Chinian, einem *petit village*, gegenüber den Montagnes de l'Espinouse am Ufer des Orb gelegen. Auf den Schieferböden von Saint-Chinian und 19 benachbarten Gemeinden wachsen Grenache-, Syrah-, Mourvèdre-, Cinsault- und Carignan-Reben und erbringen den namhaften Cru Saint-Chinian AOC. Weinkenner beurteilen ihn als die bedeutendste Appellation Contrôlée des gesamten Herault! In allen 20 Gemeinden werden ausschließlich rote Weine produziert, und 50 Kellereien laden zur Weinprobe ein!
Im Zuge der Qualitätsverbesserung des einfachen Tafelweins, für die seit einigen Jahren Winzer und Önologen kämpfen, hat sich auch das nordöstlich von Saint-Chinian gelegene Dorf Faugères Bedeutung verschafft. Auch hier produziert man hauptsächlich Rotweine, körperreich und ausdrucksvoll.
Zwischen Béziers und Carcassonne wachsen im Minervois, zu Füßen der Montagne Noir, die Trauben für gute Rot-,

Bei Saint Jean-de-Minervois.

Aus dem nördlichen Hérault kommen die Weine der Domaine Gassac.

Das Languedoc – Weinmeer des Südens! ▷

Weiß- und Roséweine. Berühmtheit erlangt hat der Muscat de St. Jean-de-Minervois, einem zauberhaften kleinen Ort, dessen *muscat-de-petits-grains*-Reben in engster Nachbarschaft zu der wilden Garrigue wachsen. Sie verleiht den kleinen Trauben den unvergleichlichen Duft!

Etwas weiter südlich, in Lézignan-Corbières, gibt es außer bemerkenswerten Weinen auch ein informatives Wein-Museum. Und in den ersten zwei Augustwochen wird im Ort ein fröhliches Weinfest gefeiert.

In Ribaute, einem Dörfchen in den Montagnes d'Alaric, nahe bei Lagrasse und seiner sehenswerten Abteikirche, entschieden sich die Winzer bereits früh, gleich nach den Winzeraufständen des Jahres 1970, für einen ökologischen Weinanbau. Die meisten der etwa 200 Hektar Weinanbauland sind heute *en bio,* die Öko-Organisation Natur & Progrès ernannte Ribaute zur ersten Bio-Winzergenossenschaft Europas!

Dieser Trend wächst im Languedoc. Im nördlichen Hérault, bei Aniane, ganz in der Nähe der Abbaye St. Guilhem-le Désert – schon sie allein den Weg von Montpellier hinauf ins Bergland wert – arbeitet die Kellerei Daumas Gassac nach den gleichen Prinzipien. Alle Rebsorten hier stammen noch »aus der guten alten Zeit«, will heißen: Von Rebstöcken, die bereits vor dem Ersten Weltkrieg gepflanzt wurden! Die unmittelbare Nachbarschaft der Garrigue ermöglicht eine natürliche Schädlingsbekämpfung durch Vögel und Insekten. Dazu garantieren geringste Ertragsmengen absolute Spitzenqualität der hier erzeugten Rot-, Weiß- und

GRANDS VINS DAUPHINS GASSAC
TERRASSES DE LANDOC
GRENACHE
Vin de Pays de l'Hérault
1995
NOILLY PRAT & C
1813
1993
CHATEAU MIQUEL
SAINT-CHINIAN
DOMAINE DU ROUGE GORGE
FAUGERES
APPELLATION FAUGERES CONTROLEE
1995
DE BEAUVIGNAC
Vin d'une Nuit
1994
Minervois
1991
Château de Lastours
Corbières
Appellation Corbières Contrôlée
Saint-Saturnin
Rouge Cardinal
COTEAUX DU LANGUEDOC
Saint-Saturnin
PRODUIT DE FRANCE
Coteaux du Languedoc
1995
Abbaye de Valmagne
Appellation d'Origine Contrôlée Coteaux du Languedoc
Mis en bouteille à la propriété par Gaudart d'Allaines Producteur à 34140 Villeveyrac
E.75 cl.
Hugues de Beauvignac
1990
Château de Lastours
Nº 04684
1994
TERRASSES DE LANDOC
1995
CINSAULT
Vin de Pays de l'Hérault
Coteaux du Languedoc
Abbaye de Valmagne
1994
CUVÉE de TURENNE
CHÂTEAU
SAINT-CHINIAN
MIS EN BOUTEILLE AU CHATEAU
de Lastours
XVème NUIT des LONGS CAPOTS 8 et 9 Avril 95
Corbières
Appellation Corbières Contrôlée
1995 1995
Vin d'une Nuit
VIN DE PAYS DES CÔTES DE THAU
MIS EN BOUTEILLE A LA PROPRIÉTÉ
PICPOUL DE PINET
DUC DE MORNY
COTEAUX DU LANGUEDOC
MIS EN BOUTEILLE A LA PROPRIETE
1995
HUGUES DE BEAUVIGNAC
Picpoul de Pinet
PICPOUL DE PINET
CARTE NOIRE

Mundet hervorragend zu Austern:
der weiße Picpoul de Pinet.

Blanquette und Crémant de Limoux.

Roséweine. Kaum nötig zu erwähnen, daß selbstverständlich die Trauben per Hand und mit der allergrößten Sorgfalt geerntet werden! Vielleicht mit ein Grund, daß die Weine der Domaine in aller Welt hochgeschätzt werden.

Jeder Liebhaber der renommierten Bouzigues-Austern kennt den herben weißen Picpoul de Pinet von den nördlichen Ufern des Bassin de Thau! Die Flaschen dieses aus der Rebe Piquant-Paul oder Piquepouille gekelterten Weins dürfen, gemäß Order von M. Turgot, Minister am Hofe Louis XVI, eine in das Flaschenglas eingeschliffene runde Marke mit dem Namen PINET tragen. Sie garantiert Ursprung und Reinheit dieses AOC-Weins. Schon Napoleon III sagte man eine Vorliebe für den Picpoul blanc nach!

In der Domaine Saint-Paul Colline kann man in dem sympathischen Probierstübchen der Morins außer dem Picpoul auch Rot- und Roséweine vom Bassin de Thau sowie die Weine der nahegelegenen Abbaye Valmagne probieren. Albert und Pascale können schon einige Medaillen vorweisen!

Geschichte schreibt die Blanquette de Limoux. In dem zauberhaften alten Städtchen Limoux südlich von Carcassonne wird bereits seit dem 16. Jahrhundert ein perlender Weißwein fabriziert: Das Verfahren ist weitaus älter als das der Champagnerbereitung! Ein Vergleich lohnt, sowohl vom Geschmack her als auch vom Preis. Und wer es etwas edler und sanfter schätzt, probiert den Crémant de Limoux, der stolz das AOC in seinem Etikett führen darf. Fährt man von den Corbières aus über Quillan nordwärts in Richtung Carcassonne, begegnen einem schon weit vor Limoux die zahlreichen *caveaux.* Eine der ältesten Kellereien hier ist das traditionsreiche Haus Guinot.

Auf dem Weg vom Languedoc ins Roussillon kann man von Sigean aus einen Abstecher in die nördlichen Corbières machen und dem Château de Lastours einen Besuch widmen – es lohnt sich in mancherlei Hinsicht! Die Weinberge von Lastours, die bis in 300 Meter Höhe reichen, werden von dem Zentrum »Hilfe durch Arbeit« bewirtschaftet und verwaltet, einer Gruppe geistig behinderter Menschen, die in den Wohnungen des umgebauten Schlosses soziale Betreuung finden. 180 Hektar Weinland werden von ihnen liebevoll und sorgsam gepflegt und erbringen hervorragende Rotweine, glanzvolle Weißweine und erfrischende Rosés. Dazu bietet das *château* eine echte Attraktion: In dem riesigen, wilden Gelände ließ der rallyebegeisterte *directeur* Pisten für geländegängige Autos anlegen. Fahrer aus aller Welt kommen hierher, um zu trainieren! Da wundert es niemand, daß einige der elitären Tropfen rallyebezogene Namen tragen …

Südlichster Wein des Languedoc und einer seiner allerbesten ist der Fitou, ein AOC-Rotwein aus zwei geographisch getrennten Anbaugebieten. Das eine liegt im Umkreis von Leucate am Mittelmeer, das andere in der Garrigue der nördlichen Corbières. Der Cru Fitou erhielt als erster Wein des Languedoc die AOC-Appellation. Die Rebsorten Carignan, Grenache, Syrah und Mourvèdre ergeben dank der besonderen Böden und der intensiven Sonne einen körperreichen, vollen Wein. Als junge Weine sind sie her-

Noble Weine kommen vom Château Lastours.

Les Fitous: zwei Anbaugebiete.

vorragende Begleiter zu weißem Fleisch, die reiferen, älteren Weine passen gut zu dunklem Fleisch, Wild und Käse. Wie alle anderen Grand Cru besitzt auch der Cru Fitou eine *confrérie*. Wie schon zur Zeit der mittelalterlichen Zunftgenossenschaften gehören Wahrung von Ehre und Tradition zu ihren Aufgaben.

Das Weinland Languedoc bietet jedem Weinliebhaber reiche Auswahl. Die Winzer freuen sich über jeden interessierten Besucher, und überall ist er herzlich willkommen.

Meine ganz persönliche Wertschätzung gehört einem eher raren Weißwein: Dem Viognier. Bei einem Besuch im Château de Raissac bei Béziers ließ mich Jean Viennet seinen Viognier Jahrgang 93 probieren. Er begründete damit eine echte Freundschaft! Die *cépage viognier*, eigentlich eine Rarität im Languedoc, wird heute hier schon häufiger angebaut.

Weine aus dem Château de Raissac.

Die Trauben des Languedoc. ▷

Troubadoure und Katharer,
Schinken, Bachforellen und *vin doux*:
Das ernste Land der

CORBIÈRES

Kulinarische Erinnerung an dieses bergige Land, das sich mit weiten Tälern und schroffen Kalksteinfelsen südlich von Carcassonne bis fast ans Mittelmeer erstreckt: Der köstliche Pyrenäenschinken von Monsieur Sarda aus Bélesta, einem Städtchen an der Nationalstraße von Lavelanet nach Maury.

Die Metzgerei Sarda befindet sich am Marktplatz von Bélesta. Ich finde den Patron zwischen vielen von der Decke hängenden Würsten, gerne gibt er Auskunft über die berühmten Bergschinken. Und läßt mich probieren! Dabei zeigt sich: Der von mir bisher hochgeschätzte Schinken aus Parma schmeckt gut, aber hiesiger Pyrenäenschinken schmeckt noch besser! Er ist eine Nuance kräftiger, würzig, dabei auch leicht süß. Das Fleisch ist fester, aber trotzdem zart. Dieser Schinken wird auch anders portioniert: Nicht hauchdünn sind die Scheiben, die der Metzger schneidet, sondern kräftig! Im Laden wird auch delikater Serranoschinken aus Spanien angeboten und die berühmten Schinken aus Bayonne von der Atlantikküste: Dem Metzger Sarda aber liegen besonders die hausgeräucherten, luftgetrockneten Schinken seiner eigenen Produktion am Herzen.

Ein steiler Weg und viele Stufen führen zur Königin aller Katharerschlösser, zur Burg Puylaurens. Die wunderschöne Anlage ist mit ihren Zinnen und Türmen auf einen 700 Meter hoch aufragenden Felsen gebaut.

Peyrepertuse ist der großartigste aller Katharersitze. Breit hingelagert auf mächtigen Felsen, läßt sich von unten kaum erkennen, wo der Fels endet und der Bau beginnt.

Puivert an der »Route Cathare« wurde als »Schloß der Troubadoure« gerühmt! Zur gleichen Zeit, in der die katharischen *bons-hommes* und *bonnes-femmes* im okzitanischen Süden wirkten, zogen die ersten Troubadoure durch das MIDI, sie besangen in der Langue d'Oc, der Sprache des Südens, die Liebe und die schönen Damen. Im Schloß Puivert trafen sich katharische Adlige, um den Liedern der Troubadoure zu lauschen.

Im Spätsommer kann man sich hierzulande die reifen Feigen frisch vom Baum pflücken! Zusammen mit dem würzigen Pyrenäenschinken ergibt das eine köstliche Mahlzeit. Auch die kleinen süßen Melonen der Region passen geschmacklich wunderbar zum Bergschinken.

Der katharischen Glaubensgemeinschaft, die dem Bergland der Corbières den Namen »Land der Katharer« gab, waren solcherart fleischliche Genüsse zuwider. Ihre strenge Lehre verkündete, daß irdisches Leben in seiner grenzenlosen Schlechtigkeit ein Werk des Teufels sei, und nur durch Absage an alle Güter dieser Welt und lebenslanges Streben nach Vollkommenheit der Weg zu Gott gefunden werde. Die Katharer glaubten an Seelenwanderung und Wiedergeburt, sie waren überzeugte Vegetarier. Die *parfaits* und *parfaites* – sowohl Männer als Frauen konnten dies Priesteramt bekleiden – lebten in absoluter Armut und Keuschheit, die einfachen Gläubigen hingegen, die *croyants*, mußten auf ein bürgerliches Leben nicht verzichten.

Im okzitanischen Languedoc fand die katharische Lehre zahlreiche Anhänger, auch viele Sympathisanten an den südfranzösischen Adelshöfen. Sowohl dem nordfranzösischen Königshaus wie auch der katholischen Kirche war diese Entwicklung ein gewaltiger Stachel im Fleisch. Im Jahr 1208 rief Papst Innozenz III zum Kreuzzug gegen die Katharer auf. Dieser führte in seinem blutigen Verlauf nicht nur zum Ende der katharischen Glaubensgemeinschaft, sondern auch zur Eroberung des okzitanischen Südens durch die französische Krone. Im Jahr 1229 fiel die Provinz Languedoc an Nordfrankreich.

Die Jahre der Inquistition brachten entsetzliches Elend über das Land. Selbst die unzugänglichen Felsenburgen der Corbières boten den Katharern keinen Schutz vor Verfolgung und Feuertod. Mit dem Fall der letzten beiden Katharersitze, Montségur im Jahr 1244 und Quéribus zehn Jahre später, endete eine religiöse Bewegung, die in unserer Zeit wieder auf großes Interesse stößt.

Auch hier in den Corbières trägt die Landschaft zum Verständnis der Vergangenheit bei. Die über steilen Felsen aufragenden Burgruinen, dem Himmel näher als der Erde, stimmen den Besucher ein auf das spirituelle Gedankengut des Mittelalters, auf seinen Glauben und seine Todesbereitschaft; der Ernst dieser kargen Bergwelt ist passender Hintergrund für die katharische Lehre. Man hat in Montségur auf dem Platz, an dem im Jahr 1244 zweihundertfünfzig Männer und Frauen freiwillig in den Feuertod schritten, eine Stele errichtet zur Erinnerung an dieses Ereignis. Die okzitanische Inschrift lautet: ALS CATARS, ALS MARTIRS DEL PURO AMOR CHRESTIAN – Den Katharern, den Märtyrern der reinen christlichen Liebe. Wann immer man hierherkommt, liegen Blumen neben der Stele, und am Fuß des Berges warten viele Autos: Der Monségur ist ein nationales Heiligtum.

Von der Katharerburg Quéribus, zu der man über viele steile Treppenstufen hinaufsteigt, hat man weiten Blick über die Weinfelder um Maury und die Pyrenäen.

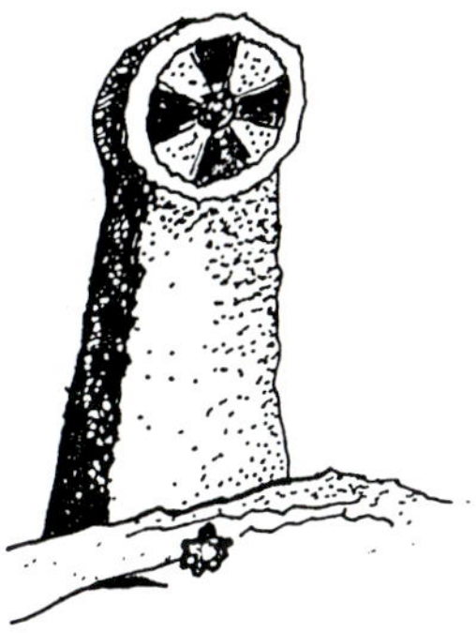

Eine Fahrt durch die Gorges de Galamus bedeutet Nervenkitzel! Der Fluß Agly hat sich im Tal seinen Weg mitten durch die Felsen der Corbières gegraben, und weit oben hat man vor hundert Jahren eine schmale Straße in die steilen Felsen geschlagen. Auf halber Höhe klebt die kleine Hermitage de St. Antoine an den Felswänden, man kann vom Parkplatz aus zu ihr hinüberwandern. Der letzte Eremit verließ die Einsiedelei 1925, heute ist das Anwesen während des Sommers bewirtschaftet. Nach der Bergtour oder dem Tauchtraining in der Agly kann man sich hier mit einem zünftigen Imbiß erfrischen!

Dicht bei Maury reift in der Domaine Mas Amiel im »Parc des bonbonnes« der Wein in 3000 gläsernen Ballons unter freiem Himmel! Etwa 1 Jahr lang lagert er in diesen Ballons und reift danach in den Eichenholzfässern der Kellerei weitere 5 bis 14 Jahre.

Uns Menschen von heute versorgt das alte Land der Corbières vornehmlich mit Wein. Nutzte man die roten Corbièresweine früher zum Verschneiden anderer alkoholreicher, speziell algerischer Weine oder zur Produktion eines einfachen *vin de table*, so bemüht man sich heute hier wie auch in anderen Weingegenden des MIDI um eine höhere Klassifizierung der Anbaugebiete und hat einen *vin de pays* für gehobene Ansprüche kreiert. Von der Küste, besonders aus südlichen Lagen um Fitou, kommen schwere Rotweine, auf dem Weg von Perpignan nach Narbonne stößt man an jeder Straßenecke auf *les caveaux de Fitou*. Einen sehr guten Namen haben die Weine von Lézignan aus der Nachbarschaft des Minervois, und im südlich von Carcassonne gelegenen Limoux, einem zauberhaften alten Städtchen, kann man Frankreichs ältestes Schaumweinzentrum besichtigen! Die Blanquette de Limoux wird nach der »Méthode champenoise« hergestellt, dies bedeutet, daß der Grundwein eine zweite Gärung in der Flasche durchläuft.

Berühmt ist die Weingegend um Maury am östlichen Rand der Corbières. Auf den dortigen Schieferböden gedeihen die Trauben der *grenache-noir*-Reben ähnlich gut wie an der Côte Vermeille und ergeben einen ausdrucksvollen Dessertwein. Durch ein besonderes Verfahren, den Zusatz einer bestimmten Menge reinen Alkohols zum Wein während des Gärungsprozesses, wird dieser gestoppt und es bleibt natürliche Restsüße im Wein erhalten. Neben den natursüßen Weinen mit dem Prädikat VDN – Vin doux naturel –, die in Maury auch äußerlich unverwechselbar sind dank ihrer besonderen Flaschenform, sind heute die Rotweine »Côtes du Roussillon« und »Côtes du

Roussillon-Villages«, beide mit dem Prädikat AOC, äußerst beliebte Qualtitätsweine. Die Coopérative des Vignerons de Maury, ein Zusammenschluß hiesiger Winzer, besitzt einen freundlichen Ausstellungsraum, in dem man alle Weine der Region degustieren und sich über Besonderheiten informieren kann.

Im Caveau Lafage, einem kleinen aber feinen Weinkeller von Maury, bietet Monsieur Lafage eine Auswahl nobler Rot- und Weißweine. Auch sein Dessertwein ist edel: Ein »Rancio« mit besonders ausdrucksvoller Note. Rancio-Weine werden oft mehrere Sommer lang unter freiem Himmel gelagert, durch Wärmeeinwirkung entsteht Oxydation, die dem Wein einen ganz eigenen kräftigen Geschmack verleiht.

Aus der Küche von Madame Lafage stammt das Rezept:

Aiguillettes de bœuf au Côtes du Roussillon-Villages.

Hierfür wird streifig geschnittenes Rindfleisch mit Gemüsen der Saison, Zwiebeln, Knoblauch und einer Flasche Côtes du Roussillon-Villages einige Stündchen sachte geschmort. Kurz vor Ende der Kochzeit gibt man eine Portion separat gekochter dicker Bohnen hinzu und läßt alles gut zusammen durchköcheln.

Das Rezept der Madame Lafage

CANARD AUX FIGUES

Ente mit Feigen ▷

200 g getrocknete Feigen
1/2 l Vin doux de Banyuls
1 Brotkanten
1 Tasse Milch
1 junge Ente, kochfertig
1 Zwiebel
Olivenöl
1 EL Mehl
500 g frische dunkle Feigen

Die kleingeschnittenen Trockenfeigen in Wein, den Brotkanten in Milch einweichen. Dann Feigen und Brot zusammenkneten, mit Salz und Pfeffer würzen und die Ente damit füllen. Mit einem Zahnstocher zustecken.
In einem Schmortopf die gehackte Zwiebel in heißem Öl anschwitzen und die Ente darin rundum gut anbraten. Das Mehl darüberstäuben und bräunen lassen. Den Wein, in dem die Feigen eingeweicht wurden, über die Ente gießen, alles etwa 1 Stunde köcheln.
Die gegarte Ente herausnehmen, zerteilen, mit der Füllung auf eine angewärmte Platte legen und warmstellen. Die frischen Feigen halbieren und einige Minuten in der Soße glasieren. DieEntenteile mit der Soße nappieren und mit den Feigen umlegen.

TRUITES AUX AMANDES

Forellen mit Mandeln

4 frische Bachforellen, küchenfertig
Zitronensaft
Salz
100 g Butter
100 g gestiftete Mandeln
Zitronen zur Dekoration
Blattpetersilie

Fische mit Zitronensaft beträufeln und salzen. In jede Forelle einen Zweig Petersilie geben, danach in heißer Butter von jeder Seite 1 Minute scharf anbraten. Die Mandeln darüberstreuen, und bei zurückgenommener Wärme die Forellen von jeder Seite 5 Minuten bräunen lassen, dabei die Mandeln in der Pfanne öfter umrühren.
Die Forellen auf eine vorgewärmte Platte legen, mit Mandeln und gehackter Petersilie bestreuen und mit Zitronenscheiben umlegen.

Das Rezept stammt aus Axat, wo man in der Aude die angeblich besten Forellen der Region fischt! Die Aude ist aber nicht nur für Angler ein Paradies, sondern auch für viele Kanuten, das Befahren des wilden Gewässers erfordert Geschick und Können.

ESCALOPE DE FOIE GRAS AU VIN DE MAURY

Entenleber auf Brot
Ein Rezeptvorschlag des Hauses Mas Amiel!

4 schöne Scheiben Entenleber
20 cl Vin de Maury
1/2 l Kalbsfond
4 Scheiben kräftiges Graubrot
Maiskörner und grüne Böhnchen, gegart.

Die Entenleberscheiben in der trockenen Pfanne von beiden Seiten gut 5 Minuten braten, dann mit Wein ablöschen. Den Kalbsfond zugießen und die Kochflüssigkeit bei sachter Wärme reduzieren. Je 1 Leberscheibe auf 1 Scheibe Brot legen, mit der Soße überziehen und mit dem Gemüse garnieren.

LIÈVRE À LA FAÇON DE TAUTAVEL

Hase nach Art von Tautavel

1 Hase von etwa 3 kg, kochfertig, in große Stücke zerteilt
1/2 Glas Olivenöl
1/2 l Rancio-Wein
1 bouquet garni
50 g Schmalz
300 g Bergschinken
1 Zwiebel
6 geschälte Knoblauchzehen
2 EL Mehl
Hasenherz und Hasenleber
Salz und Pfeffer
1 Glas Muscat de Rivesaltes

Tautavel ist der berühmte kleine Ort in den Corbières, in dessen prähistorischem Museum man den Schädel eines der ersten Menschen besichtigen kann. Er wird auf das imposante Alter von 450 000 Jahren geschätzt!

Die Hasenteile 24 Stunden lang in eine Marinade aus Öl, Rancio und bouquet garni legen. Danach herausnehmen und trockentupfen. Das Schmalz in einem großen Schmortopf erhitzen und die Hasenteile darin anbraten. Den in Stücke geschnittenen Schinken, Zwiebeln und Knoblauch zufügen. Bei starker Hitze gut durchbraten, mit Mehl überstäuben und kräftig bräunen lassen. Die durchgeseihte Marinade darübergießen. Herz und Leber fein schneiden, zum Fleisch geben, gut salzen und pfeffern. Im ab jetzt verschlossenen Topf 2 Stunden köcheln, danach mit dem Muscat übergießen und weitere 15 Minuten durchschmoren.

TRINXAT

Wirsing-Püree mit gebratenem Schweinebauch

1 Wirsingkohl
600 g Kartoffeln
12 Scheiben Schweinebauch ohne Schwarte
Salz und Pfeffer

Den Wirsing gründlich waschen und die harten äußeren Blätter entfernen. Den Kohl blanchieren, abtropfen lassen. In einem großen Topf 3 Liter Wasser erhitzen, den Wirsing darin einmal aufkochen, dann die geschälten und in Scheiben geschnittenen Kartoffeln dazugeben. Salzen und pfeffern und 30 Minuten kochen. Danach abgießen und fein pürieren.
In einer geölten Pfanne die Schweinebauchscheiben kross ausbraten. Das Wirsingpüree auf eine Platte geben und mit den Schweinebauch-Scheiben umlegen.

PAVÉ DU MAS AU CÔTES DU ROUSSILLON ROUGE

Gefülltes Rinderfilet »Pflasterstein«

10 Schalotten
100 g Steinpilze, geputzt
1 Eigelb
Muskatnuß
Salz und Pfeffer
700 g Rinderfilet
Olivenöl zum Braten
2 Gläser Côtes du Roussillon rouge
3 EL Crème fraîche
1 Prise Salz

Schalotten hacken, Pilze fein scheibeln, mit dem Eigelb vermischen und mit geriebener Muskatnuß und Salz und Pfeffer würzen.
Das Filet seitlich einschneiden und mit der Zwiebel-Pilzmasse füllen, wieder zusammendrücken und mit einem Faden verschnüren. Diesen »Pflasterstein« in heißem Öl von jeder Seite etwa 5 bis 6 Minuten braten, dann mit Rotwein ablöschen. Die Soße mit Crème fraîche binden und mit einer Prise Salz würzen.

Kirchen und Klöster,
Kirschen, Kunst und südliche Küche:
Katalanisches Ambiente im

ROUSSILLON

Verläßt man die Corbières in südlicher Richtung, fährt man mitten hinein ins sonnenheiße Roussillon. Noch heute schlagen die Herzen hier im katalanischen, nicht im französischen Takt! Viele Jahrhunderte später als das benachbarte Languedoc, erst im Jahr 1669, gelangt die katalanische Provinz Roussillon und mit ihr die Hälfte der Cerdagne unter französische Verwaltung. Aber noch immer wehen im ganzen Land die rotgelbgestreiften Fahnen Kataloniens! Die Wiederbelebung der lange Zeit unterdrückten alten Landessprache ist in vollem Gange. Es werden wieder Bücher in Katalanisch geschrieben, und viele Schulen haben die alte Sprache wieder als Lehrfach aufgenommen.

Die hervorragende Nationalstraße, die von Toulouse südwärts über Foix und Tarascon durch das Ariège nach Ax-les-Thermes führt, folgt dem Lauf der Ariège. Kurz hinter dem traditionsreichen Thermalbad schraubt sie sich hinauf zum Col du Puymorens. Oben, auf knapp 2000 Meter Höhe, gabelt sich der Weg: Rechts führt er hinunter nach Andorra ins zollfreie spanische Einkaufsparadies, links ans Mittelmeer, nach Perpignan und Collioure.

Auf dem Weg vom Col de Puymorens zur Hochebene der Cerdagne fährt man durch das malerische Vallée de Carol. Die Häuser hier im Tal sind schon lange zu gepflegten Zweitwohnsitzen umgebaut worden. Das romantisch gelegene Dorf Courbassil wirkt an Wochentagen wie ausgestorben. Nur die alte Kirche steht noch unverändert am Berg.

Die alte Kirche in Montesquieu besitzt einen eindrucksvollen *clochet mure*. Diese meist über der Frontseite der Kirche hochgemauerten Glockenwände, in denen offen die Glocken hängen, sind eine typische Eigenart der Kirchenbauten des Südens. ◁ ◁

Die Umgebung von Tarascon-sur-Ariège überrascht mit einer Vielzahl von Grotten und Höhlen. Die berühmteste ist die Grotte von Niaux. Ihre Felsmalereien stammen aus der Zeit zwischen 15 000 und 12 000 v. Chr., dargestellt werden Bison, Pferd, Steinbock, Ren und Hirsch.

Auf den Almen hier oben weiden hellgraue Kühe, das Scheppern der Almglocken unterbricht die Morgenstille. In der Nacht ist erster Schnee gefallen, und die Tramontane, dieser gefürchtete kalte Nordwestwind, bläst eisig hinab in die Täler.

Mein Weg zweigt am Paß links ab in Richtung Mittelmeer. In Prades will ich das Casals-Museum aufsuchen. Der berühmte spanische Cellist fand hier nach seiner Flucht aus Franco-Spanien ein zweites Zuhause. Ihm zu Ehren werden allsommerlich im Kloster St. Michel-de-Cuxa die internationalen Musikfestspiele von Prades abgehalten. Sie bilden einen Glanzpunkt im internationalen Musikleben und haben das kleine Prades in aller Welt bekannt gemacht.

Die Straße führt über die weite Hochebene der Cerdagne. Rechts und links am Weg liegen wunderschöne Kirchen der katalanischen Romanik. Leider bleiben sie infolge dreister Diebstähle heute fest verschlossen! Mit etwas Geduld findet man im Dorf die Person, die den Schlüssel zur Kirche verwahrt. Sehenswerte mittelalterliche Skulpturen und Fresken belohnen die Mühe.

In Hix, dicht an der spanischen Grenze, grast eine Herde Pyrenäenschafe neben der alten Kirche. Schafe spielen hierzulande eine große Rolle, aus ihrer Milch werden die beliebten *brébis* gemacht, kleine runde Käse, in den verschiedenen Reifestadien von *frais* bis *sec* gleichermaßen geschätzt. Zwar überwiegen auch in der Cerdagne Angebot und Verbrauch von Kuhmilchkäsen, aber der Schafskäse besitzt hohen Stellenwert.

Hinter der Festungsstadt Mont-Louis, in der man guterhaltene Militär-Archtitektur des 17. Jahrhundert bewundern kann, folgt die Straße zum Mittelmeer dem Lauf der Têt durch die Ebene des Conflent. Auf halben Weg zum Meer liegt das Städtchen Prades.

Biegt man von der Nationalstraße ab, empfängt einen sogleich südländisches Flair. Roter Marmor bedeckt Hauswände, Bürgersteige und Straßen der Altstadt, und in der Kathedrale St. Pierre prunkt üppiges spanisches Barock. Kirchenschiffhoch erhebt sich der geschnitzte Altar des berühmten Joseph Sunyer. In den Seitennischen leuchten Gold und Silber, funkeln kostbare Edelsteine: Reiche Bürger haben in den vergangenen Jahrhunderten die festlichen Seitenaltäre gestiftet. An dem schmucklosen Kreuz aus Schmiedeeisen dagegen hängen schreckliche Marterinstrumente. Man trifft diese Katalanischen Kreuze öfter in den Kirchen des Südens, ebenso die in ein Brautgewand gekleidete Statue der Jungfrau Maria. Sie steht neben dem Altar und ist immer umgeben von einem Meer von Kerzen.

Das Casals-Museum befindet sich in den Räumen des Musée municipal. Der Reisende erinnert sich angesichts des hier ausgestellten Violoncellos an erlebte Konzerte und gedenkt des großen, in Prades so sehr verehrten Pau Casals.

Die Ebene des Conflent zwischen Perpignan und Villefranche ist infolge ihres milden Klimas frühester Obst- und Gemüselieferant des Roussillon! Delikate Aprikosen, »Les Rouges du Roussillon« reifen hier und eine Vielzahl von Pfirsichsorten, dazu Äpfel, Birnen, auch viele Gemüse.

Am Pfingstsonntag ist in der Kirche von Corneilla-de-Conflent Kommunion. Festlich ist das Gedränge auf dem Kirchplatz. Die Mädchen sind wie kleine Nonnen ganz in Weiß gekleidet und tragen am Hals ein großes Holzkreuz.

Im Frühsommer leuchten die Wiesen im Capçir schneeweiß: Wilde kleine Narzissen bilden einen duftenden Blütenteppich.

Zum Lac des Bouillousses, einem Stausee in 2000 Meter Höhe im Capçir, führt eine schmale Gebirgsstraße. Über dem tiefblauen See leuchtet der auch im Sommer verschneite Gipfel des Pic Carlit. Mit 3000 Meter Höhe ist er die Nummer Eins im Roussillon.
Eine kurze Strecke verläuft die *Grande Randonnée* GR 10 am Stausee entlang. Der berühmte Wanderweg führt von Banyuls am Mittelmeer durch die Pyrenäen zum Atlantik.

In Céret erntet man häufig schon Ende April die ersten Kirschen. Ein schöner Brauch: Sie werden dem Präsidenten der Republik zum Geschenk gemacht!
Sind Obst und Gemüse ein Markenzeichen der Têt-Ebene, so ist ein anderes Wahrzeichen der Region »Le Petit Train Jaune«. Von Villefranche im Conflent bis zum internationalen Bahnhof Latour-de-Carol, der Endstation, überwindet diese herrlich altmodische, gelbrote Schmalspurbahn ganze 1000 Meter Höhenunterschied! Im Sommer fährt man »Oben ohne« im offenen Waggon, einer Attraktion für Touristen. Sein Überleben verdankt der kleine Zug den ständigen Petitionen der Bevölkerung: Auf keinen Fall will sie die besonders im Winter geschätzte gefahrlose Verbindung zur Außenwelt verlieren.
Im gemächlichen Tempo 30 kann man die wechselnde Landschaft von Conflent, Cerdagne und Capçir genießen, und, wenn man will, an der Endstation umsteigen und die gleiche Strecke – Fahrzeit jeweils 3 Stunden – wieder zurückrattern. Es sei denn, man verläßt den Zug bereits vorher an der Haltestelle Bourg-Madame und unternimmt einen Einkaufsbummel nach Spanien. Eine kleine Brücke verbindet das französische Bourg-Madame mit dem spanischen Puigçerda. Die sinnlose Teilung der Cerdagne in einen spanischen und einen französischen Teil wird hier besonders deutlich. Folge dieses willkürlich gezogenen Grenzverlaufs war jahrhundertelang ein äußerst lebhafter Kleiner Grenzverkehr.

In Prades ist dienstags Markt, er verwandelt die Stadt in ein Feldlager! Viele Händler bieten verschiedenste Hausmacherbrote: Helle und dunkle, grobe und feine, Brote mit Mandeln, mit Gewürzen, flache Olivenfladen – die Ökowelle hat auch den Süden erreicht und bringt Abwechslung in die Baguette-Szene. Zu Bergen stapeln sich rosa Knoblauchzöpfe und die milden roten Zwiebeln aus Toulouges, die man hier gerne als Salat ißt. Rote und grüne Paprika werden auf dem Markt gleich körbeweise gehandelt, natürlich, denn sie gehören zum Grundrepertoire der Landesküche. Am Metzgerstand hängen die *botifarres*, Blutwürste, schwarze und weiße, große und kleine – durch nichts zu ersetzende Zutat vieler Eintopfgerichte. Dünn wie Kinderfinger sind die *fouet*, luftgetrocknete Schweinswürstchen, die man vom Meter kauft, und paprikarot die *sobrassada*, nicht ganz so harte, dafür stark gewürzte Dauerwürste.
Wie auf allen Märkten des Südens stehen auch in Prades die großen Weinwagen. An ihrer kleinen Theke wird gründlich probiert, der ausgewählte Wein wird in Plastikkanister abgefüllt. Flaschenweiser Verkauf ist selten, da viel kostspieliger.
Das Angebot an Früchten ist in den vielen kleinen Läden der Stadt zu jeder Jahreszeit riesig. Feigen, Melonen, Aprikosen, Pfirsiche, Trauben, Äpfel und Birnen, Mandeln – alles sind Produkte der Region.

Die *tripes* – Küche Südfrankreichs ist phantasievoll! Es gibt gebratene Kutteln in Zwiebeln, Speck und Petersilie, Kutteln in Wein gedünstet, Gemüsesuppe mit Kutteln oder eine feinere Variante mit Schinkenwürfelchen in Sahnesoße … Es gibt die *tripoux*, Lammkutteln, zusammen mit Schinken, Schweinefleisch und Kräutern zubereitet, oder einfach in Wein geschmort, und die *tripoux rouergats*, im Netz gebackene Lammkutteln. Da verwundert es nicht, wenn sich manche Metzgereien im Süden *triperies* nennen!

In der Auslage des Bäckers stapeln sich flache runde Kuchen zur Pyramide, es sind süße, leicht orientalisch gewürzte Hefefladen, *bunyetas*, sie werden in heißem Öl ausgebacken und sind eigentlich eine katalanische Osterspezialität. Die besten *bunyetas* im ganzen Roussillon werden in der Bäckerei von Albert Planas in Millas gebacken, einem kleinen Städtchen an der Straße von Prades nach Perpignan. Die hauchzarten Pfannkuchen werden mit Orangenblütenwasser und abgeriebener Zitronenschale oder mit Anis gewürzt. Nach dem Ausbacken wird das köstliche Gebäck üppig mit Zucker bestreut. Dank der großen Nachfrage fertigt Bäcker Planas seine *bunyetas* inzwischen das ganze Jahr über an!
Das Angebot des Metzgers reizt mich weniger: Frisches Pferdefleisch, im Stück, gehackt, gebraten. Das gewünschte Rindfleisch gibt es nicht, der Metzger bedauert: »Seulement cheval, Madame!« Die prachtvollen Salamiwürste, die im Laden hängen, erwecken Verdacht. Auch sie vielleicht der gleichen Abstammung wie die – zugegeben! – delikat duftenden Fleischbällchen? Der Metzger erklärt das Rezept: »Man kann es auch mit Rindfleisch machen«, sagt er – er hat mich durchschaut!
Die mittelalterliche Festungsstadt Villefranche-de-Conflent liegt ganz in der Nähe von Prades. Beeindruckend sind ihre weitläufigen Wehranlagen aus dem 11. Jahrhundert. Viel später, erst im 17. Jahrhundert, errichtet der berühmte Baumeister des Sonnenkönigs, Vauban, über dem Städtchen das Fort Liberia.

Überall im Roussillon kann man ausdrucksvolle Schmiedearbeiten bewundern. Besonders viele gibt es rund um den Canigou zu sehen. Auch das kleinste Haus zieren kunstvolle Gitter an Fenstern und Türen.

Trotz dieses kriegerischen Ambientes herrscht im Ort heiteres Leben und Treiben! Viele Kunsthandwerker zeigen ihre Arbeiten in den kleinen Läden. Über den Türen hängen kunstvoll geschmiedete Handwerksschilder und erinnern daran, daß die Schmiedekunst rund um den Canigou einst ein blühendes Handwerk war: Der Berg bot reiche Eisenerzvorkommen. Viele Kreuze, die am Straßenrand stehen oder Kirchen und Klöster schmücken, sind kunstvoll geschmiedet, und eine wahre Augenweide sind die eleganten, filigran geschmiedeten Glockenhauben der Kirchtürme.
Die Kirche von Villefranche besitzt gleich zwei romanische Portale! Diese reich verzierten Kircheneingänge sind ein Merkmal der romanischen Bauweise. Rund um den Canigou, den Heiligen Berg der Katalanen, trifft man auf einige bedeutende Kirchen dieser Epoche. Aus Holz geschnitzt und schön bemalt schmücken schlichte, ausdrucksvolle Muttergottes-Statuen die alten Kirchen, in deren geheimnisvolles Dunkel das Licht nur durch einzelne schmale Rundbogenfenster hereinfällt. Natürlich haben die lebensklugen Franzosen hier Abhilfe geschaffen: Mit Hilfe einer Francmünze kann man sich jede Kirche für den eigenen Bedarf illuminieren!
Die kleine Kirche von Jujols fügt sich malerisch ein in das mächtige Bergpanorama rundum den Canigou. Das winzige Dorf hier am Ende der Welt wird nur von wenigen Schafzüchtern bewohnt. Die meisten der alten kleinen Häuschen sind verlassen oder umfunktioniert worden zu alltags verschlossenen Wochenendsitzen. Man trifft außer den wenigen Einheimischen ein paar Sommergäste, die die Einsam-

Romanische Kirche in Jujols ▷

Im Seitenschiff der Abbaye St. Michel-de-Cuxa steht eine der beeindruckendsten Madonnenstatuten des Roussillon, sie stammt aus dem 13. Jahrhundert.

Milchwirtschaft ist ein wichtiger Erwerbszweig im Roussillon. Auf der weiten Hochebene der Cerdagne weiden Schafe und Milchkühe.

keit dieser Berge lieben und in den bescheidenen Gîtes des Dorfs wohnen.

Von Jujols aus kann man weite Wanderungen unternehmen bis hinauf in das wilde Gebiet der Garrotxes. Um den Mont Coronat führt eine schöne aber lange Wanderung, in der kleinen Auberge von Jujols erhält man Auskunft hierüber und auf Wunsch auch ein Nachtquartier.

Genau wie Jujols erreicht man auch die Prieuré von Marcevol nach kurzer Bergfahrt von der Nationalstraße ab, die durch die Cerdagne an das Mittelmeer führt. Muß man, um nach Jujols zu gelangen, im Dorf Olette hinauf in die Berge abbiegen, so führt der Weg nach Marcevol bei Marquixanes über die Têt-Brücke hinauf in die Weinberge von Arboussol, einer kleinen feinen Weingegend des Conflent. Die hier auf winzigen Terrassen, liebevoll eingefaßt von granitenen Steinmäuerchen, geernteten Trauben erbringen Weine, die denen der Corbières durchaus ebenbürtig sind: Absolute Ausnahme in dieser sonst ausschließlich auf Obstanbau spezialisierten Gegend!

Von der alten Abtei hat man eine überwältigende Aussicht auf die gegenüberliegende Kette der Pyrenäen.

Unvergeßlich ist der Besuch der Kirche St. Martin-de-Fenollar im äußersten Süden des Roussillon. Herrliche Fresken schmücken eine winzige romanische Kirche, die man im Vorüberfahren leicht übersehen kann! Das milde trockene Klima hat die kostbaren mittelalterlichen Malereien bestens konserviert, sie gehören zu den wenigen erhaltenen Wandmalereien der frühen Romanik.

Drei Flüsse durchziehen das Roussillon: Agly, Têt und Tech. Auf der im Norden gelegenen Agly kann man Kanufahren, Tauchen und Fischen. Die Têt fließt geruhsam durch das Gartenland des Conflent, und der Tech zieht malerisch durch den Süden der Provinz. Amélie-les-Bains am Ufer des Tech ist ein traditionsreiches altes, renommiertes Thermalbad. Von hier führt eine schmale Straße durch die Berge der Aspres nach Norden zu einem der schönsten Plätze des ganzen Landes: Zur Prieuré de Serrabone. Bevor man sie erreicht, kann man in der am Weg liegenden Kirche La Trinité in Bellpuig die eindrucksvolle romanische Holzskulptur eines lächelnden Christus am Kreuz bewundern.
Zur ehemaligen Prioratskirche führt heute eine Autostraße hinauf. Rund um die Kirche zieht sich ein botanischer Garten mit allen Pflanzenarten des Mittelmeerraums. Auch alle Kräuter der Garrigue wachsen hier, genau bezeichnet mit ihren lateinischen Namen. Der poetische Garten stimmt den Besucher ein auf das Erlebnis Serrabone!
Erste Empfindung im Innern der Kirche ist die absoluter Zeitlosigkeit. Die schmucklosen Wände aus großen Schieferquadern, das spärliche Licht, das durch drei schmale Rundbogenfenster hereinfällt, entsprechen voll auch dem künstlerischen Empfinden der heutigen Zeit. Doch dann fällt der Blick auf die berühmte Sängerkanzel aus rosa Marmor, und es erweist sich, daß diese Empfindung trügt: Nur das frühe Mittelalter konnte solche Schönheit erschaffen!

Das Klima ist rauh in den Bergen der Aspres, die Winter sind lang. Der Kräutergarten der Prieuré Serrabone ist erst im Hochsommer voll erblüht! Alle Kräuter der Garrigue wachsen hier, die in der Küche des MIDI eine Rolle spielen: Rosmarin, Thymian, Salbei, Majoran, Estragon, Minze, Lorbeer und Lavendel.

Die Kirchenanlage St. Michel-de-Cuxa ist eines der wenigen erhaltenen Bauwerke der frühen Romanik im Roussillon. Die Handschrift der im 12. Jahrhundert in der Werkstatt von Cuxa arbeitenden Bildhauer findet sich an verschiedenen anderen Kunstwerken der Region wieder, so an den Marmorkapitellen der berühmten Sängerkanzel von Serrabone.
Noch heute befindet sich im Kloster von Cuxa eine keramische Werkstatt: Die Mönche fertigen Krüge, Schalen, Wandbilder. Die Außenwände der privaten Klostergebäude schmücken poetische Kachelbilder.

Die Skulpturen der Kapitelle erzählen die Geschichte der Apokalypse, ein Bildhauer aus der Schule von Cuxa hat die wundersamen Tiere in den rosa Marmor geschlagen. Man kann dicht herantreten und alles genau betrachten, und gerät in eine verzauberte Stimmung – der hautnahe Kontakt mit dieser großen Kunst des 12. Jahrhunderts ist überwältigend.

Kunst ganz anderer Art kann man in Céret genießen! Im Musée d'art moderne sind Bilder und Skulpturen jener Künstler zu besichtigen, die Anfang des 20. Jahrhunderts die Sommer hier verbrachten. Angezogen wurden sie einmal von dem in Banyuls lebenden Bildhauer Maillol, zum anderen vom intensiven Licht und angenehmen Klima des Mittelmeers. Man trifft in den Sälen des kleinen Museums berühmte Namen: Picasso, Braque, Juan Gris, Chagall, Dali. Mein Lieblingsbild in dieser reichen Kollektion: »Die Kuh unter dem Regenschirm« von Chagall! In der kleinen Gouache liegt alle Poesie des Südens. Auch jüngere Kunst ist in Céret vertreten, prominent aber ist eine umfangreiche Sammlung von Picasso bemalter Teller zum Thema Stierkampf. Die Fassade des Museums schmücken zwei repräsentative Wandbilder von Antoni Tàpies.

Wer den blutigen Stierkampf, die spanische *corrida*, liebt, kann diesen während des Sommers in Céret erleben, ebenso La Sardana, diesen eindrucksvollen katalanischen Nationaltanz, der aus dem Mittelalter stammt und in Céret auf allen Straßen und – während des »Internationalen Festivals der Sardane« – im Sommer auch in der Arena getanzt wird. Wer sie einmal gehört hat, diese traurige, diese fröhliche Musik der Sardane, aufgespielt von der *cobla*, dem traditionellen katalanischen Ensemble von elf Musikern mit zum Teil fremdartigen schrillen Blasinstrumenten, der vergißt sie nie! »Wenn ich sie höre, eile ich wie ein Verrückter hin und fange an zu weinen: Das ist die Seele unseres Landes, unser Herz, in Musik verwandelt«! Maillol soll diese schönen Worte zum Lobe der Sardane gefunden haben.

Von Vernet-les-Bains hat man einen beeindruckenden Blick auf das Massiv des Canigou. Hier starten auch die Jeeps, mit denen die Touristen den Heiligen Berg der Katalanen erkunden können.

Céret, Hauptstadt des Vallespir, ist bekannt als »Stadt der Kirschen«, aber auch als das »Mekka des Kubismus«. Viele kubistische Maler -Picasso, Juan Gris, Braque – haben zu Anfang unseres Jahrhunderts hier gearbeitet. ▷

Brot spielt ebenso wie die Olive und ihr Öl in der Küche Kataloniens seit altersher eine bedeutende Rolle. Man verwendet es als Einlage zu Suppen, als Bindemittel für Farcen und Soßen, oder, in Olivenöl fritiert oder damit getränkt, als herzhafte Beilage zum Essen oder zum Aperitif.
Zwei dieser ganz einfachen Zubereitungen sind heute weit über Frankreichs Grenzen hin so bekannt, daß man sie europäische Rezepte nennen könnte: Il Pa y All, das mit Knoblauch eingeriebene Brot, und Il Pa De Pages, das mit Tomaten »frottierte« Brot!

IL PA Y ALL

Knoblauchbrot

1 krosse Scheibe Bauernbrot, möglichst frisch und noch warm!
2 bis 3 geschälte Knoblauchzehen
Feines Salz
Olivenöl

Das Brot mit den Knoblauchzehen gründlich einreiben, so daß der Saft in die Krume einzieht. Mit Salz bestreuen, mit Olivenöl tränken.

IL PA DE PAGES

Brot des Bauern

1 sehr reife Tomate
Kräftiges Landbrot, in nicht zu dünne Scheiben geschnitten
Feines Salz
Olivenöl

Die Tomate vierteln und die Kerne herausdrücken. Die Brotscheiben mit den Tomatenvierteln so gründlich einreiben, daß der Saft ins Brot einzieht. Mit Salz bestreuen und großzügig mit Olivenöl beträufeln.
Nach Belieben zusätzlich ein paar Tropfen Weinessig über das Brot geben.

POIS CHICHES À LA CATALANE

Katalanische Kichererbsen

250 g Kichererbens
2 Knoblauchzehen, geschält
2 EL Olivenöl
Salz und Pfeffer
2 EL Tomatenmark
100 g Schinkenspeck, gewürfelt
10 Scheiben Knoblauchwurst

Die Kichererbsen über Nacht in reichlich kaltem Wasser einweichen. Am nächsten Morgen abgießen, mit dem Knoblauch im Schmortopf in Olivenöl anschwitzen. Mit kaltem Wasser bedecken, mit Salz und Pfeffer würzen, 1 1/2 Stunden garen. Tomatenmark, gewürfelten Schinkenspeck und die Wurstscheiben dazugeben und bei schwacher Hitze eine weitere Stunde köcheln.

POULET AUX CREVETTES

Hühnchen mit Crevetten

8 Crevetten
Olivenöl
1 Hühnchen, in kleine Teile zerlegt
1 EL Mehl
1 Glas Rotwein
1 reife Tomate, geschält, entkernt, in kleine Stücke zerteilt
6 geschälte Knoblauchzehen
2 EL gehackte Petersilie
Salz und Pfeffer
1 Prise Cayennepfeffer
1 Briefchen (12 g) Safran
50 g Pinienkerne
200 g feingescheibelte Champignons
1 dicke Scheibe Bergschinken, gewürfelt, etwa 250 g
50 g geröstete Mandeln
Geröstete Baguettescheiben
Salz und Pfeffer

Die Crevetten in heißem Öl von beiden Seiten anbraten. In einen Topf legen Die Hühnerteile leicht mit Mehl bestäuben, anbraten, zu den Crevetten in den Topf legen. Den Bratensaft mit Wein ablöschen und um etwa 1/3 reduzieren. Nacheinander Tomate, Knoblauch, Petersilie, Salz, Pfeffer, Cayennepfeffer, Safran und Pinienkerne dazugeben. Durchkochen lassen und über die Hühnerteile und Crevetten gießen. Den Topf schließen, etwa 35 Minuten dünsten.
Die Champignons in heißem Öl anbraten und mit den Schinkenwürfeln zum Hühnertopf geben. 10 Minuten bei schwacher Wärmezufuhr köcheln. Mit den Mandeln bestreuen und geröstete Baguettescheiben dazu reichen.

PAELLA CATALANA

Katalanische Reispfanne ▷

100 g Schinkenspeck, gewürfelt
3 EL Olivenöl
1/2 Hühnchen, geviertelt
200 g Schweinefilet, gewürfelt
Einige Tintenfische, kochfertig, in Streifen geschnitten
1 Zwiebel, gehackt
3 kleine Knoblauchwürstchen
1 reife Tomate, enthäutet, entkernt, in Stücke geschnitten
1 rote Paprikaschote, geviertelt, entkernt
1 Tasse ausgespalte grüne Erbsen
1 Handvoll Kaiserschoten
2 abgeschälte Knoblauchzehen
Salz und Pfeffer
200 g großkörniger Rundkornreis
1/2 TL Safran
Das 2 1/2fache Reisvolumen an Wasser
4 gekochte Langustinen
12 gegarte Muscheln ohne ihre obere Schale

In einer großen Paellapfanne den Schinkenspeck in heißem Öl anbraten. Hühnerteile, Schweinefleisch, Tintenfische, Zwiebeln und die kleinen Würstchen dazugeben, alles zusammen gründlich durchbraten. Dann die Tomate, Paprikaschote, Erbsen, Kaiserschoten und Knoblauchzehen zufügen, salzen, pfeffern, und alles gründlich mit einem Holzlöffel verrühren. Einige Minuten weiterbraten, dann den Reis dazu in die Pfanne geben. Energisch rühren, bis dieser alle Kochflüssigkeit aufgesaugt hat. Safran darüberstreuen, dann alles mit der exakten Menge kochendem Wasser übergießen. Nicht mehr umrühren!
Bei starker Hitze 2-3 Minuten kochen lassen, die Langustinen und Muscheln zugeben und die Paella in etwa 15 Minuten bei zurückgenommener Kochtemperatur fertiggaren. Der Reis soll am Ende der Kochzeit alle Flüssigkeit absorbiert haben.

Es ist ratsam, sich bei diesem Rezept exakt an die angegebenen Mengen von Reis und Wasser zu halten, nur so erreicht man die erwünschte cremige Konsistenz.

BOLES DE PICOLAT

◁ Katalanische Fleischbällchen

Rinderhack, Mett, Knoblauch, Petersilie und Eier verkneten und mit Salz und Pfeffer würzen, Kleine Bällchen von etwa 4 cm Durchmesser formen und in 1 EL Mehl wälzen.
In einem großen Schmortopf die Speckwürfel in heißem Öl auslassen und die Bällchen darin rundum knusprig anbraten, dann beiseitestellen.
Im gleichen Topf die Zwiebeln mit dem restlichen Mehl blond anschwitzen, mit dem Wasser aufkochen und vorsichtig mit Salz (der Oliven wegen!), Pfeffer, Zimt und Paprika würzen. Das Stückchen Peperoni, die Tomaten, Oliven, Schinkenwürfel und zum Schluß die Fleischbällchen in die Soße geben. Die Soße muß die Bällchen ganz bedecken, notfalls etwas Wasser zufügen. Im geschlossenen Topf 45 bis 50 Minuten köcheln.

300 g Rinderhack
500 g Schweinemett
6 abgeschälte Knoblauchzehen
1 EL gehackte Petersilie
2 Eier
Salz und Pfeffer
3 EL Mehl
100 g Schinkenspeck, gewürfelt
Olivenöl
1 Zwiebel, gehackt
2 Gläser Wasser
Salz und Pfeffer
1/2 Kl Zimt
1 Prise roter Paprika
1 Stückchen Peperoni
1 kleine Dose geschälte Tomaten
200 g grüne Oliven, entsteint
50 g roher Schinken, gewürfelt

L'OUILLADE/OLLADA

Kohleintopf

Der Name dieses katalanischen Eintopfs stammt von dem Gefäß, in dem er früher auf dem offenen Feuer gekocht wurde: der Olla.

Schinkenknochen und Schwarten in einen Topf mit 2 l kaltem Wasser legen, erhitzen, 20 Minuten sieden lassen. Das Kochwasser abgießen. Knochen und Schwarten erneut in 2 l kaltem Wasser zum Kochen bringen, Bohnen und Möhren dazugeben und alles 1 1/2 Stunden garen. Die Perlgraupen einstreuen und weitere 30 Minuten kochen. Den Kohl in Streifen, die Kartoffeln in Würfeln schneiden, zur Suppe geben. Salzen und pfeffern, bei kräftiger Wärmezufuhr weitere 30 Minuten garen. Die Blutwürstchen mit einer Gabel anpieken, damit sie nicht aufplatzen, und in der Suppe die letzten 15 Minuten mitkochen.
Wie die meisten Eintöpfe schmeckt auch die Ollada besonders gut, wenn sie aufgewärmt wird!

1 Schinkenknochen
Frische Schweineschwarten
200 g weiße Bohnen
2 gewürfelte Möhren
1 1/2 Gläser Perlgraupen, etwa. 200 g
1 Weißkohl
4 bis 5 Kartoffeln
Salz und Pfeffer
4 kleine *boudins noir*

THON AU VIN ROUGE, CÂPRES ET ANCHOIS

Thunfisch mit Kapern und Anchovis

1 Scheibe Thunfisch, etwa 600 g
2 EL Olivenöl
1 große Zwiebel
2 Knoblauchzehen
2 reife Tomaten
4 Anchovis, in Salz eingelegt
150 g Frühstücksspeck
Thymian, Rosmarin, Lorbeerblätter
50 cl kräftiger Rotwein
2 KL Kapern
1 großer Löffel *anchoïade* oder Sardellenpaste

Den Fisch mit seiner Haut von beiden Seiten in 1 EL heißem Olivenöl anbraten, zur Seite stellen. Zwiebeln und Knoblauchzehen schälen, fein hacken, Tomaten schälen, entkernen und kleinschneiden. Die Anchovis in reichlich Wasser entsalzen, filetieren, und die Filets in kleine Stücke schneiden.
Speckscheiben in 1 EL Öl anbraten und Zwiebeln, Knoblauch, Anchovis- und Tomatenstückchen dazugeben, ebenso einige Thymianblätter, einen Rosmarinzweig und 1–2 Lorbeerblätter. Sobald die Tomatenflüssigkeit eingekocht ist, den Rotwein dazugießen und die Soße bei guter Hitze auf die Hälfte reduzieren. Lorbeer und Rosmarin herausnehmen und Thunfisch und Kapern zur Soße geben. Weitere 10 Minuten köcheln, dann den Thunfisch herausnehmen und die *anchoïade*/Sardellenpaste in die Soße einrühren. Haut und Mittelgräte entfernen. Den Fisch mit der Soße überziehen, servieren.

ESCALIVADA

Mariniertes Gemüse

2 reife Paprikaschoten
1 mittelgroße Aubergine
2 geschälte Zwiebeln
1 abgeschälte Knoblauchzehe
Olivenöl
Essig
Petersilie
Salz und Pfeffer

Die Aubergine halbieren und grillen (s. Rezept Camargue S. 50), die Paprikaschoten grillen (s. Rezept Côte Vermeille S. 152), Tomaten und Zwiebeln ebenfalls unter dem heißen Grill garen. Die Gemüse lauwarm abkühlen lassen, in eine Schale legen, die feingehackte Knoblauchzehe darüberstreuen und alles mit einer Marinade aus Öl, Essig, feingehackter Petersilie, Salz und Pfeffer übergießen. Einige Zeit kühl gestellt durchziehen lassen.

PÊCHES POCHÉES

Pochierte Pfirsiche

1 kg Pfirsiche
100 g Zucker
1 Zimtstange
1/2 l Vin doux de Maury
Schwarzer Pfeffer aus der Mühle

Die Pfirsiche schälen, halbieren, vorsichtig die Kerne entfernen. In einem Topf den Zucker mit der Zimtstange im Vin doux erhitzen. Pfirsichhälften dazugeben und 10 Minuten im geschlossenen Topf köcheln, dann den Deckel abnehmen und noch einige Minuten eindicken lassen. Reichlich pfeffern. Weitere 5 Minuten köcheln, dann abkühlen lassen. Gut gekühlt servieren.

CRÈME CATALANE

Katalanische Crème

1/2 l Kondensmilch, ungesüßt
1/2 KL Zimt (oder Anis oder Vanille nach Geschmack)
4 Eier
150 g Zucker
1 Glas Rum
100 g Farinzucker

Milch mit dem Zimt aufkochen. Eier und Zucker gründlich verschlagen, die abgekühlte Milch und den Rum dazugeben, etwas Rum zurücklassen. Die Masse in feuerfeste Schälchen füllen und 30 Minuten im Wasserbad im Backofen bei 150 Grad C stocken lassen: Die Oberfläche soll nicht bräunen! Aus dem Ofen nehmen und die Creme erkalten lassen, dann mit Farinzucker betreuen und mit dem restlichen Rum beträufeln.
Eine *tige* – eine runde Eisenplatte an einem langen Stiel (so man hat) über offener Flamme rotglühend erhitzen, dicht über jede Portionsschale halten, bis der Zucker karamelisiert. Danach die Schalen zum Auskühlen in den Kühlschrank stellen und die Creme kalt servieren.
Ein ähnlicher Bräunungseffekt läßt sich auch unter dem heißen Grill erreichen.

Edler Tropfen für Gourmets: Der *vin doux* de Banyuls.

Weinernte an der Côte Vermeille. ▷
Weinberge über Banyuls.

DER WEIN IM ROUSSILLON

Das Roussillon gilt als das älteste Weinanbaugebiet Frankreichs. Schon im 6. vorchristlichen Jahrhundert unterwiesen durchreisende Händler aus Griechenland die Bewohner in Weinanbau und -Herstellung. An den Küsten des Mittelmeers finden sich Überreste griechischer Amphoren, in denen die Händler die heimatlichen Trauben transportierten. Später, während der römischen Besatzungszeit des Roussillon, ließen die Römer weite Weinanbaugebiete roden; nur römischer Wein sollte im Lande getrunken werden! Von Plinius wird berichtet, daß man schon damals die Weinstöcke im Roussillon extrem niedrig stutzte, als Schutzmaßnahme gegen die stürmischen Winde des MIDI: Ein auch heute noch geübter Brauch!

1877 zerstört die Reblausseuche *phylloxera* auch die gesamten Rebstöcke im Roussillon. Die kostspieligen Neuanpflanzungen amerikanischer Rebsorten treiben viele Winzer in den finanziellen Ruin. Gemeinsam hoffen die *vignerons*, die verzweifelte Lage zu meistern. In den Gemeinden werden die *coopératives*, die Winzergenossenschaften, ins Leben gerufen.

Heute beansprucht der Weinbau den weitaus größten Teil der landwirtschaftlich genutzten Flächen des Roussillon. Bereits im Jahr 1935 erhalten *les vins doux*, die Süß- oder Dessertweine mit der Bezeichnung VDN, *vin doux naturel*, der Erzeugergemeinden von Banyuls, Maury und Rivesaltes die begehrte Auszeichnung AOC, Appellation d'Origine Contrôlée. Im wesentlichen bestehen sie aus vier Rebsorten:

NIKE

Dem alkoholreichen süßen Grenache noir, der aus Spanien stammt, der Macabeo-Traube, der Malvoisie- und der Muscat-Rebe, letztere auch als Frucht beliebt dank ihres köstlichen Muskateller-Aromas.

Ausschließlich in den vier Gemeinden der Côte Vermeille, Banyuls, Collioure, Cerbère und Port-Vendres wird »Banyuls« und »Banyuls Grand Cru« produziert. Auch der Name »Maury« beschränkt sich auf diese eine gleichnamige Gemeinde, wogegen man den »Rivesaltes« in 89 Gemeinden des Roussillon produziert. Der Muscat de Rivesaltes wird ausschließlich aus Muscat-Trauben gekeltert.

Heute versuchen überall im Land engagierte junge Winzer, die von den *coopératives* vorgegebenen starren Regeln des traditionellen Weinanbaus zu durchbrechen, Qualität gegen Quantität zu setzen, in ihren Weinen das Besondere der Landschaft und der Trauben herauszuarbeiten. Manch junger *vigneron* kehrt der Genossenschaft den Rücken und geht eigene Wege, setzt vermehrt auf *vintages,* genau klassifizierte Jahrgangsweine, und differenziert sich hiermit eindeutig von den alten Methoden der Jahrgangsgemische.

In der »Demaine de la Rectorie« in Banyuls gehen die Brüder Parcé neue Wege im Weinbau. Ihre ausdrucksvollen Collioures, schon früh auf Flaschen gezogen, sind namhaft. Beide möchten in Banyuls ähnliches ins Leben rufen, wie es im Schloß Lastours in den Corbières das Zentrum »Hilfe durch Arbeit« bereits realisiert hat. Ein weiterer Plan von Marc und Thierry Parcé möchte den immensen Immobilien-Ausverkauf an der Côte Vermeille dadurch unterbin-

Die Auswahl an Muscats de Rivesaltes ist groß.

den, daß man die Parzellen der alten Weinberge unter Denkmalschutz stellt. Wer die Entwicklung der kleinen Küstenorte mitverfolgt, wird dies begrüßen!
Unvergeßlich ist der Anblick der vielen kleinen Terrassen, die sich die Hänge hinaufziehen, unterteilt von kleinen Mäuerchen *aux pierres sèches,* unzähligen Steinen aus den Weinbergen, die in geduldiger Arbeit, Stück für Stück, unvermörtelt aufeinandergetürmt wurden, um die schmalen Terrassen vor den Folgen der wolkenbruchartigen Regenfälle zu schützen, die hier im Frühjahr und Herbst niedergehen.
Die »Cellier des Templiers«, ein Zusammenschluß von fünf Genossenschaften, erbringen den größten Teil aller Banyulsweine. Ihr Grand Cru ist einen Besuch der Kellerei wert!
Die Grenache-noir-Reben halten mit 75 Prozent den Hauptanteil am Grand Cru. Mindestens 30 Monate muß er im Faß reifen! Alte Banyulsweine wechseln in langen Jahren ganz allmählich ihren Farbton: Vom tiefen Dunkelrot zu einem warmen Bernsteingelb. Getrunken werden sie zu fast allem! Selbst mit den katalanischen Anchovis vertragen sie sich und sind optimale Begleiter zum Käse.
Das Roussillon bietet aber nicht nur berühmte Dessertweine: Von den Höhen der Corbières kommen gute, zum Teil sehr gute trockene Rotweine. Seit 1977 werden viele von ihnen mit der Appellation d'Origine Contrôlée Côtes du Roussillon ausgezeichnet! Die Bezeichnung Côtes du Roussillon-Villages wurde dem nördlichen Teil der Region zugesprochen, der südlich gelegene begnügt sich mit der Be-

Im Cave Lafage in Maury.

Die Corbières bei Maury.

Im alten Dorf La Tour de France.

zeichnung Côte du Roussillon. Reben für diese Rotweine sind Carignan, Grenache noir, Cinsault und Mourvèdre.

Nur zwei Gemeinden dürfen aufgrund ihrer allerhöchsten Weinqualität der allgemeinen Bezeichnung den Ortsnamen voranstellen: die Gemeinden von Caramany und La Tour de France. Zusammen mit anderen, nicht ganz so namhaften Weindörfern wie Rasiguères oder Lansac liegen sie im Fenchelland, den Fenouillèdes. Rund um den Ort Saint Paul-de-Fenouillèdes trifft man auf die *petits villages,* die die meisten AOC Côtes du Roussillon-Villages-Weine produzieren!

Perle der Fenouillèdes: Maury! Keine Weinreise ins Roussillon ohne seinen Besuch. Les Vignerons de Maury bieten eine Fülle von *vins doux,* und kleine Kellereien wie der Cave Lafage offerieren feine Rot- und Likörweine.

Selbstbewußt steht mitten in der dramatisch schönen Landschaft das große Schild mit der riesigen Aufschrift MA! Und durch die Berge der Garrigue bringt eine kurze Fahrt zum Mas Amiel und seinem *parc des bonbonnes.* Edelste Rot- und Dessertweine erwarten den Besucher, eine ausführliche Dokumentation belehrt über alle Themen des Weinanbaus, ausgefallene Kochrezepte wecken Appetit.

In allen Gemeinden des Roussillon sind Weinkeller und *coopératives* gut ausgeschildert. Rundfahrten in die typischen Anbaugebiete werden von den Touristikunternehmen organisiert, und in allen *caves* und *caveaux* erhält man fachkundige Auskunft, kann geruhsam probieren und seinen persönlichen Cru für sich entdecken.

Manchmal gesellt sich auch zum Wein- der Kunstgenuß: Im

Château de Jau bei Cases-de-Pène, auf dem Weg von Perpignan nach Maury, wird alljährlich vom 15. Juni bis zum 15. September eine Ausstellung moderner Kunst präsentiert. Auch in der Kunst der Weinbestimmung kann man sich hier unterweisen lassen, kann unter hohen Maulbeerbäumen an schön gedeckten (vorbestellten!) Tischen die regionale Küche erkunden und hierbei die Weine des Château degustieren. Geboten werden dem Besucher die roten Côtes du Roussillon-Villages, die Muscats de Rivesaltes, und aus Banyuls kommen die *vintages* der Domaine Valcros, heute Clos de Paulilles genannt und an den Hängen über dem Mittelmeer bei Port-Vendres beheimatet.

Die Einfahrt zum Château de Jau.

Die Trauben – und die Weine der Garrigue. ▷

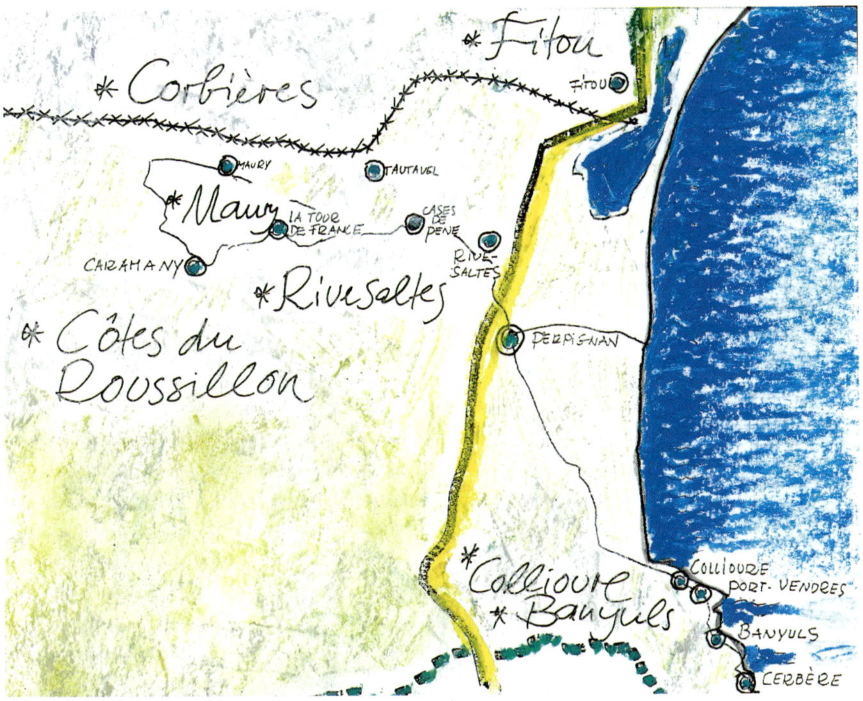

CÔTES DU ROUSSILLON
VILLAGES
LA TOUR DE FRANCE
1991
15 ANS D'AGE
Maury

Château de Jau
CÔTES DU ROUSSILLON VILLAGES
FRENCH RED WINE
1991
PRODUCE OF FRANCE
VINTAGE
Maury
MIS EN BOUTEILLE AU DOMAINE
Mas Amiel
66460 MAURY FRANCE
PROPRIÉTAIRE RECOLTANT
Le Jaja de Jau
MIS EN BOUTEILLE AU
BOUTEILLE AU DOMAINE
66190 COLLIOURE

Rote Felsen, blaues Meer,
Anchovis, Sonne und berühmte Weine:
Die strahlende

CÔTE VERMEILLE

Drei Städte wetteifern an der Côte Vermeille darum, die in griechischen Texten erwähnte legendäre Ansiedlung Pyrène gewesen zu sein: Elne, Port-Vendres und das vorrömische Caucoliberis, das heutige Collioure. Pyrène, eine iberische Prinzessin, verliebte sich in den Griechen Herkules, den seine abenteuerlichen Reisen nach Spanien geführt hatten. Nach kurzem Zusammensein verließ Herkules Pyrène auf dem Weg zu neuen Taten. In ihrem Kummer flüchtete diese sich in die Berge, entfachte ein großes Feuer und stürzte sich in die Flammen.

»Es gibt in Frankreich keinen blaueren Himmel als den von Collioure, ich brauche nur die Fensterläden zu öffnen, und schon habe ich alle Farben des Mittelmeers bei mir.« Henri Matisse verbrachte am Anfang dieses Jahrhunderts einige Sommer in Collioure.

Der alte Leuchtturm von Collioure wurde von Vauban als Kirchturm mit einbezogen in die Ende des 17. Jahrhunderts neu erbaute Wehrkirche St. Vincent.

◁ In den Weinbergen über Collioure, unterhalb der Tour de Madeloc, arbeiten die fleißigen *vignerons* das ganze Jahr über an den kostbaren Reben.

◁ ◁ Maler in Collioure.

Mit ihm kamen viele Maler an die Côte Vermeille auf der Suche nach dem berühmten Licht des Mittelmeers. Man traf sich abends in der Altstadt von Collioure bei Monsieur Pous, dem Besitzer der »Hostellerie des Templiers«. Für Speis und Trank zahlte man nicht selten mit Kunst. Die Sammlung der Wirtsfamilie Pous beläuft sich auf etwa dreitausend Bilder!
Seine Beliebtheit bei den Malern hat Collioure bis heute nicht eingebüßt. Im Sommer wimmelt es von Künstlern rundum das Château Royal, in dessen gewaltigen Mauern schon die Könige von Mallorca die Sommer verlebten. Der alte Leuchtturm und das Château sind beliebte Motive bei Malern aus aller Welt.
Etwa 60 Kilometer lang ist die Küste des Roussillon, sie reicht vom Etang de Leucate im Norden bis nach Cerbère an der spanischen Grenze. Im Süden nennt sie sich La Côte Vermeille, die Purpurküste. Steil fallen die Felsen hier ab zum Mittelmeer, bilden kleine malerische Buchten. Und wohin man blickt, wächst Wein!
Der Gebirgszug der Albères, östlicher Pyrenäenausläufer, erstreckt sich mit herrlichen Wäldern hinunter bis ans Meer. Im Tal von Lavalle findet man auf dem Weg hinauf zur Tour de la Massane noch alte Korkeichen mit ihren abgeschälten Stämmen. In mühsamer Arbeit wurde die Korkschicht vom Baumstamm gelöst. Das früher in Sorède betriebene Handwerk der Korkenherstellung ist heute ausgestorben.
Die kleinen Dörfer der Albères, St. Génis-des-Fontaines, Sorède, Laroque besitzen sehenswerte romanische Kirchen.

In St. Génis, wo die alte Kirche von den Nachbarhäusern hart bedrängt wird, schmückt ein frühromanisches Tympanon vom Anfang des 11. Jahrhunderts das bescheidene Portal. Die berühmten »Itinéraires en Catalogne Romane«, die durch das Roussillon ziehen, führen zu eindrucksvollen Kirchen und zu einer Kunst, die uns hochmodern anmutet in ihrer archaischen Einfachheit.
Auch ein Besuch des Klosters von St. Génis ist empfehlenswert. Die Geschichte seiner verlorenen, gestohlenen oder verkauften Marmorsäulen, die man unter größten Schwierigkeiten zurückerobert hat, ist abenteuerlich. Dem bekannteren Kloster St. Michel-de-Cuxa im Conflent dagegen ist es nicht gelungen, seine in die USA verkauften Marmorsäulen mit den herrlichen Kapitellen wieder zurückzuerlangen. Sie wurden 1925 im Garten des »Museum of cloisters« in der Nähe von New York aufgestellt. Zusammen mit anderen Schätzen aus französischen Klöstern kann man sie dort bewundern.

Das Küstenland des Roussillon bietet Höhepunkte der romanischen Kunst! In Cabestany, einem kleinem Vorort von Perpignan, kann man in der Kirche Notre Dame des Anges ein frühromanisches Tympanon des Meisters von Cabestany bewundern. Viele andere Bildwerke werden diesem Künstler im Roussillon und in Spanien zugeschrieben.
Nicht weit von Cabestany in südlicher Richtung bedeuten Kirche und Kloster von Elne für jeden Kunstliebhaber einen Höhepunkt seiner Roussillon-Reise! Gleiches gilt für Kirche und Kloster von St. Génis-des-Fontaines. Und wer von Perpignan Richtung Norden fährt, hat es nicht weit zur Abbaye de Fontfroide, einer Zisterziensergründung, dem langsamen Verfall seit Revolutionszeiten entgangen durch private Initiative. Berühmt sind die in der Abtei stattfindenden Konzerte.

Von dem schön gelegenen Campingplatz »Les Criques de Porteils« oberhalb von Argelès zieht sich ein phantastischer Spazierweg durch die Felsen am Meer bis nach Collioure. Die riesigen Mimosenbäume, die hier stehen, blühen viermal im Jahr!

Kurz hinter dem Hafenstädtchen Port-Vendres zweigt die Route des Crètes von der Nationalstraße nach Spanien ab. Quer durch die Weinberge hoch über Collioure und Banyuls führt der schmale Weg hinauf zur Tour de Madeloc, einem der vielen rund ums Mittelmeer stehenden mittelalterlichen Wachtürme.

Hier und da arbeiten Winzer in ihren *vignobles*, weit unten leuchtet la Mediterranée, si bleue, liegen wie aus dem Spielzeugkasten die Dörfer der Côte Vermeille. Der Boden der manchmal nur handtuchgroßen, sorgsam von kleinen Steinmauern eingefaßten Weinterrassen ist steinig und knochenhart. Die kurzgeschnittenen Reben sind von früh bis spät der scharfen Mittelmeersonne ausgesetzt, kein Baum spendet Schatten, und im Sommer fällt kaum Regen. Genau dies lieben die *grenache-noir*-Reben! Die legendären Süßweine von Banyuls beweisen es mit ihrem einmaligen Geschmack und unvergleichlichen Duft.

Während der Bergfahrt schüttelt die heftige Tramontane gefährlich das Auto. Aber dann ist der Ausblick vom Turm unbeschreiblich schön: Tief unten leuchten die Küsten Nordspaniens, die Côte Vermeille, die kilometerlangen Sandstrände von Roussillon und Languedoc. Gut zu erkennen sind die karstigen Höhenzüge der Corbières, und im Norden schimmern blau die Cevennen.

Hinunter fährt sichs einfacher! Man kann, in Banyuls angelangt, das Auto am Parkplatz der »Celliers des Templiers« abstellen, um die *caves* zu besichtigen und ihre namhaften Grands Crus zu probieren, die unter den besten natursüßen Weinen Frankreichs rangieren. Unten im Ort mariniert man eisgekühlte Melonen mit diesem *vin doux naturel* – es schmeckt köstlich!

Banyuls ist, im Gegensatz zum benachbarten lebhaften Collioure, ein eher nostalgischer Mittelmeerort. Mag sein, daß der steinige Sand junge Badegäste fernhält! Viele kleine Kellereien laden zur Weinprobe, auch der »Vin Rouge d'Appellation d'Origine Contrôlée Collioure«, exclusiv produziert in den vier Gemeinden Collioure, Banyuls, Port-Vendres und Cerbère, ist ein edler Tropfen!

Der Weg von Banyuls über die Pyrenäenhöhen nach Spanien war in den Jahren von 1940 bis 1942 Zeuge menschlicher Tragödien. Viele Emigranten aus Deutschland versuchten, sich dem gefürchteten Vichy-Regime Südfrankreichs durch Flucht zu entziehen. Bekannt ist das tragische Schicksal des Philosophen Walter Benjamin. Nach mühseligem Überqueren der Berge wies man ihn nach Frankreich zurück, weil ihm angeblich ein Dokument zum Grenzübertritt fehlte. Benjamin nahm sich in derselben Nacht in seinem Hotelzimmer in Port-Bou das Leben.

Das »Emergency Rescue Committee« in Marseille unter der Leitung des Amerikaners Valerian Fry, vor allem aber die Tatkraft einer Frau, Lisa Fittko, verhalf vielen Flüchtlingen über die Pyrenäen nach Spanien zur ersehnten Weiterreise in

Für den Liebhaber der Kunst von Aristide Maillol ist das Roussillon eine wahre Fundgrube! In den Bergen über Banyuls liegt die Metairie Maillol, langjähriger Aufenthaltsort des Bildhauers bis zu seinem Unfalltod 1944, heute umgebaut zu einem vielbesuchten Museum. Die bekannte Plastik »La Mediterranée« schmückt die Grabstätte Maillols im Garten. In Banyuls steht das berühmte Kriegerdenkmal, in Port-Vendres über dem Hafen das Mahnmal für die Toten des Ersten Weltkrieges.

Les anchois catalanes, katalanisches Nationalgericht Nummer Eins.

In »Maison Roque« in Collioure werden in Handarbeit die winzigen Anchovis und Sardinen eingelegt in Salz oder Öl.

die USA. Lesenswert sind die Erinnerungen von Lisa Fittko: »Mein Weg über die Pyrenäen«, Otto Maier Verlag, Ravensburg 1992.

Heute braust unterhalb des ehemaligen Fluchtwegs der endlose Autoverkehr über die Straße nach Spanien. Man denkt an Ferienfreuden, gottlob nicht mehr an Flucht und Verfolgung. Und Freuden gibts reichlich an dieser sonnigen Küste! Schwimmen, Segeln, Surfen, Tauchen, Fischen: Die Liste der Wasserfreuden ist lang. Nicht zu vergessen die kulinarischen Freuden des Küstenlandes!

In Port-Vendres fahren die kleinen Boote noch frühmorgens zum Fang aus, am späten Nachmittag verkaufen die Fischer ihre lebende Ware direkt am Hafen: Sardinen, schöne Doraden, Seeaale, Tintenfische. Von den kleinen Anchovis gehen oft so viele in die Netze, daß man die Hälfte davon zurückschüttet ins Meer.

In Port-Vendres und Collioure werden Sardinen und Anchovis in kleinen Betrieben sofort nach dem Fang eingesalzen und verpackt. Das bekannte Regionalgericht *Les anchois catalanes* kann man hier in jedem Lokal probieren: Einige Anchovisfilets, dekoriert mit hartgekochtem Ei, Zwiebelwürfelchen, Streifen roter Paprika und Petersilie, beträufelt mit feinem Olivenöl. Natürlich gehört zum Genuß ein Glas Vin rouge de Collioure!

Anchovis und Sardinen liefert das Mittelmeer noch in großen Mengen, während der restliche Fischbestand spürbar zurückgegangen ist, Folge industriebedingter Verschmutzung des Mittelmeers, aber auch jahrelanger Überfischung.

Weiter nördlich an der Roussillon-Küste kultiviert man edlere Delikatessen: Im Etang de Leucate werden von Feinschmeckern hochgeschätzte Austern und Muscheln gezüchtet. Der größte Teil der Ernte wird regional verkauft, oder – im Sommer – gleich beim Austernbauer vor der Tür verschmaust.

Zwischen Leucate und St. Cyprien hat man den alten Fischerdörfern im Zuge eines Küstenbebauungsplans moderne Dépendancen zum Meer hin vorgebaut, mit weitläufigen Yachthäfen und zahllosen Restaurants jeglicher Art und Größe. Alles ist hier immer noch sehr neu und ein kleines bißchen triste. Das gesamte Küstenvorland wurde zu einem gigantischen Ferien- und Freizeitgebiet ausgebaut. Inzwischen ist zum Glück vieles Neue durch Sonne und Seewind angenehm gealtert!

St. Cyprien-Plage beherbergt am weitläufigen Hafen, der 2000 Yachten Platz bietet, eine wahre Gourmet-Landschaft, Lokal liegt neben Lokal. Freudig erwartetes Ereignis ist hier jährlich im August das Fest der *sardinada*, zu dem die Fischer von St. Cyprien einladen. In den Straßen werden dann auf großen Grillfeuern die kleinen Sardinen geröstet, und alle stehen Schlange danach! Ein anderes bei Besuchern beliebtes Grillvergnügen sind die *cargolada.* Zur Zeit der Weinernte grillt man auf *sarment,* trockenem Rebenholz, kleine Weinbergschnecken, eine Delikatesse, die aufgrund ihrer kräftigen Würzung zusätzlichen Genuß von reichlich *vin de pays* erfordert! Profis trinken ihn aus dem *porrò*, einem Krug mit langer schmaler Tülle.

Der freundliche Metzger in St. Génis verkauft seine *fouet* nach Länge, nicht nach Gewicht! Die delikaten dünnen Schweinswürstchen gibt es bißfest oder knochenhart. Natürlich liegt auf der Ladentheke auch ein zartrosa *jambon cuit*, auch von ihm kauft man scheiben-, nicht grammweise! Schweinefleisch ist im Roussillon am beliebtesten, und wenn man Glück hat, stammt es von den wenigen Tieren, die im Sommer noch frei in den Bergen leben dürfen. Ihr Fleisch ist besonders würzig und mager. Neben Schweinefleisch wird Schaf- und Lammfleisch hochgeschätzt, Hausgeflügel ist Zutat der nobleren Küche.

Erfrischend während der Weinernte ist in der Hitze ein Schluck aus dem Porrò.

Die Purpurküste bei Tramontone. ▷

Zwischen St. Cyprien und Canet-Plage, beliebtem Badevorort von Perpignan, liegen kilometerlange Sandstrände, so weitläufig, daß sie selbst im Hochsommer noch ein freies Plätzchen bieten. Die Küstenstraße trennt die Strände vom dahinterliegenden Binnenland mit seinen zahlreichen Seen. Am Etang de Canet kann man frühmorgens den Fischern zusehen, die in ihren Booten zum Aalfang auf den See hinausrudern. Ihre kleinen Schilfhütten am Ufer sind den alten *paillotes* nachgebaut, Fischerhütten aus vergangener Zeit. Über dem Etang leuchtet der Gipfel des Canigou.

Auch an der Küste des Roussillon sichert der Tourismus das Überleben der Region. Wer aber Menschenmengen scheut und eine Möglichkeit findet, vor oder nach der Saison zu verreisen, wird gelegentliche Regenfälle oder ein paar trübe Tage hier gelassen hinnehmen. In den ersten Oktobertagen kann man in Collioure spazierengehen, ohne ständig auf fremde Füße zu treten, im Lokal läßt sich mühelos ein Lieblingsplatz finden, und auch ein Bummel durch die Altstadt-Läden wird zur ungetrübten Freude.
Denn von Menschen wimmelt es jetzt nicht mehr an der Küste, sondern oben in den Weinbergen, wo viele fleißige Weinleser von morgens bis abends stramm schaffen. Wer will, kann mit ihnen zusammen hinauffahren und bei der Lese helfen, die kleinen Trauben schmecken verlockend süß! Und der Blick auf das blaue Meer ist von dort oben unvergeßlich.

LA BUILLINADA

Fischsuppe ▷

1 EL Schweinefett
1 Bund Petersilie und 6 geschälte Knoblauchzehen, feinstgehackt und vermischt: die *persillade*
Salz
1 Prise Paprikapulver
1/2 KL Safran
Weißer Pfeffer
1,5 kg neue Kartoffeln
1,5 kg Fischfilet, Rascasse, Merlan, Seeteufel …
3 EL Mehl
Pfeffer
4 EL Olivenöl

Die Buillinada ist ein traditionelles Fischgericht von der Côte Vermeille.
Das Schweinefett in kleinen Flöckchen in einen breiten Topf geben, darauf die *persillade* streuen und die Gewürze: Salz, Paprikapulver, Safran und Pfeffer. Hierauf jeweils eine Schicht gescheibelte Kartoffeln und eine Schicht Fisch geben, die einzelnen Schichten leicht mit Mehl bestreuen und mit Pfeffer würzen.
Den Vorgang solange wiederholen, bis Kartoffeln und Fisch aufgebraucht sind. Mit Wasser bis zur obersten Schicht auffüllen. Zugedeckt so schnell wie möglich zum Kochen bringen, das Olivenöl darübergießen und die Suppe bei kräftiger Wärmezufuhr in 10 bis 12 Minuten fertigkochen.

MILLEFEUILLE AUX ANCHOIS

Blätterteigtorte mit Sardellenbutter

1 Päckchen TK-Blätterteig
2 Eier
75 g Anchovisfilets
300 g weiche Butter
2–3 Petersilienzweige

Blätterteig auftauen und in 4 gleiche Rechtecke von 26 × 15 cm dünn ausrollen. Im vorgeheizten Backofen bei 220 Grad C auf gefettetem, mit Wasser befeuchteten Blech 10 bis 12 Minuten abbacken.
Die Eier hartkochen. Die Anchovisfilets in kaltem Wasser entsalzen, trockentupfen, kleinschneiden, im Mörser zerquetschen und die Butter unterrühren. Die abgekühlten Teigplatten mit der Anchovisbutter bestreichen und aufeinanderlegen. Die oberste Platte ebenfalls bestreichen. Die Eier – Gelbes und Weißes getrennt – hacken und die Torte im Schachbrettmuster verzieren, dann die abgezupften Petersilienblätter darüberstreuen. Die Torte vor dem Servieren im Ofen erwärmen, und portionsweise in nicht zu dünne Stücke schneiden.

TERRINE DE ROQUEFORT AUX FIGUES, NOIX ET VIN DE BANYULS

30 g getrocknete Feigen
1 kg Roquefort
350 g zimmerwarme Butter
15 g gehackte Walnüsse
3 cl Vin Doux de Banyuls

Roquefort-Terrine mit Feigen, Nüssen und Vin de Banyuls ▷

Ein Rezept aus dem Rezeptheft der »Cellier des Templiers« in Banyuls.

Feigen 2 Stunden in lauwarmem Wasser einweichen. Abtropfen lassen und in Stückchen schneiden. Roquefort in einer Schüssel zerbröseln und mit der Butter verrühren. Feigen und Nüsse einarbeiten und zuletzt den Wein dazugeben. In eine Terrine füllen und 6 Stunden kühl stellen. In Scheiben geschnitten zu frischem Brot serviert – ein Hochgenuß!

LES POIVRONS À LA CATALANE

6 rote Paprikaschoten
Olivenöl
24 geschälte und sehr fein zerhackte Knoblauchzehen
Salz und Pfeffer

Katalanische Paprika

Die Paprikaschoten im Backofen braten, bis sich die Haut schwarz färbt, enthäuten, halbieren, die Kerne entfernen. Dann die Schoten längs in breite Streifen schneiden. Den Boden einer großen Auflaufform mit Öl bedecken (dieses Rezept erfordert einen großzügigen Gebrauch von Öl!) und darauf sorgfältig eine Schicht Paprikastreifen anordnen, salzen, leicht pfeffern, mit Knoblauch bestreuen.
So fortfahren, bis alle Paprika aufgebraucht sind. Die oberste Schicht nach dem Würzen reichlich mit Öl bedecken, das Ganze kühl stellen und einige Stunden marinieren lassen.
Man ißt die *poivrons rouges* mit hartgekochten Eivierteln, mit feingewürfelten Anchovisfilets, mit Oliven jeder Farbe zu knusprigem Baguette – sie sind ein katalanisches Markenzeichen.

BANYULS
GRAND CRU
DEMI SEC

MAGRETS DE CANARD CATALANE

Katalanische Entenbrust

2 große Stücke Entenbrust
Salz und Pfeffer
2 EL Olivenöl
1 Glas Vin Doux de Banyuls
2 Schalotten, fein gehackt
2 Knoblauchzehen, feingehackt
Salz und Pfeffer
1 EL Butter und 1 EL Mehl, zu einer Kugel verknetet

Die Fettseite vom Fleisch leicht einschneiden, die Fleischseite salzen und pfeffern. In heißem Öl die Fettseite 7 Minuten, danach die Fleischseite etwa 5 Minuten braten. Mit Wein ablöschen. Bei sachter Hitze weitere 5 Minuten dünsten, dann die Entenstücke aus der Pfanne nehmen und warmstellen. Schalotten und Knoblauchzehen in 1 EL Butter hell anschwitzen, zum Fond in die Pfanne geben, mit Salz und Pfeffer würzen. Die Butter-Mehlkugel in der Soße gut verrühren und einmal aufkochen.
Die Fleischstücke in Scheiben schneiden und mit der Soße nappieren. Mit knusprigem Baguette servieren.

GÂTEAU AU CHOCOLAT

Schokoladenkuchen

Ein weiteres Rezept aus dem Hause Templier!

200 g schwarze Schokolade
80 g Zucker
50 g Butter
5 Eier
50 g gehackte Walnüsse
Abrieb von einer ungespritzen Orange
100 g Mehl
Butter und Mehl für die Backform

Schokolade und Butter schmelzen. Die Eigelbe mit dem Zucker cremig verrühren, die Eiweiße zu steifem Schnee schlagen. Die geschmolzene Schokolade und die Butter unter die Eigelbe ziehen, Nüsse, Orangenabrieb und das gesiebte Mehl einrühren, zum Schluß den Eischnee unterheben.
In eine gebutterte, leicht bemehlte Kuchenform füllen und im vorgeheizten Backofen bei 180 Grad C etwa 45 Minuten backen.
Dazu paßt das

SABAYON AU BANYULS

Schaumsoße mit Banyulswein

125 g Zucker
3 Eigelbe
1,5 dl Vin Doux de Banyuls

In einem Topf im Wasserbad Zucker und Eigelbe gut verrühren. Den Wein dazugeben und die Masse zu einer cremigen Konsistenz aufschlagen.
Den Schokoladenkuchen mit roten Früchten, wie Erdbeeren, Himbeeren usw., umlegen und mit der Soße servieren.

GLOSSAR

abrivado – Stiertreiben
afacladas – geröstete Kastanien
l'arbre de pain – Brotbaum = Kastanienbaum

baguette – Stangenweißbrot
bajanat – Kastaniensuppe
bon-homme, bonne-femme – Prediger der katharischen Glaubenslehre
botifarre – katalanische Blutwurst, schwarz oder weiß
brébis, frais ou sec – runder kleiner Schafskäse, jung oder reif
bunyetas – hauchdünne, in Fett gebackene Pfannkuchen

camelle – Salzberg
cargolada – ländliches Fest, auf dem Weinbergschnecken an großen Feuern gegrillt werden
cave, caveau – Weinkeller
châtaigne – Eßkastanie
chevalier – Ritter
clochet mural – Glockenwand mit offen darin hängenden Glocken
cocardier – Kampfstier
confit – im eigenen Fett eingemachte Geflügelteile
confiture de figues – Feigenmarmelade
confrère – Bruderschaft, Zunftgenossenschaft
cobla – Katalanisches Musikensemble
cornichons – kleine Gürkchen
corrida – blutiger spanischer Stierkampf
courses camarguaises – unblutiger Stierkampf der Camargue
croix cévenole – Cevennenkreuz
croyant – Anhänger des katharischen Glaubens

fossile – Versteinerung
fouet – dünne geräucherte Schweinswurst

gabelle – Salzsteuer
gardian – Pferdehirt der Camargue
gras double – Kuttelragout
grenache-noir – Traube, die der Gewinnung von südfranzösischem Süßwein, auch Likörwein genannt, dient
le gros rouge – einfacher Rotwein

huître – Auster

jambon cuit – gekochter Schinken

manade – Stier- und Pferdebestand eines Züchters in der Camargue
marché aux fleurs – Blumenmarkt
moules – Muscheln, Mies- oder Pfahlmuscheln
muscat de petit grain – Muskatwein aus besonders kleinen Trauben

paillote – alte Fischerhütte aus Schilfrohr
palourdes – Teppichmuscheln
parfait, parfaite – männliche und weibliche Prediger der katharischen Lehre – Vollkommene
pélardon – runder kleiner Ziegenkäse
pénichette – Hausboot-Typ
penicillium roqueforti – Hefepilz
petit noir – kleiner schwarzer Kaffee
poisson – Fisch
porrò – Trink-Krug mit langer schlanker Tülle
proménade à cheval – Ausritt

razéteur – Stierkämpfer der courses camarguaises
rascasse – Mittelmeerfisch

sardinada – Fest, auf dem man auf großen Feuern die Sardinen grillt
sarette – Schilfrohr der Camargue
sobrassada – stark gewürzte Dauerwurst
supérieure – besonders edle Auster

tellines – kleine Muscheln von den Stränden des Golfe du Lion
train touristique – kleiner Zug für Touristen
tripes – Kutteln
tripoux – Lammkutteln

vendanges – Weinernte
viande de taureau – Stierfleisch
vigneron – Weinbauer
vignoble – Weinberg
vin de pays – Landwein
vin de sables – Sandwein vom Golfe du Lion
vin de table – Tischwein
vin doux – Süß- oder Likörwein
vin rouge, blanc, rosé – Rotwein, Weißwein, Roséwein
vintage – Jahrgangswein

LES RECETTES

DIE REZEPTE

WEIN IM MIDI

LANGUEDOC

Abbaye de Valmagne Villeveyrac 34140 Mèze
Cave de l'Ormarine, 1 avenue de Picpoul 34850 Pinet
Cave de Rabelais, 112 route nationale 34110 Mireval
Cave des Vignerons de Saint-Chinian, route de Sorteilho 34360 Saint-Chinian
Cave Coopérative La Clairette 30127 Bellegarde
Cave Coopérative Les Remparts 30220 Aigues-Mortes
Caveau Hugues de Beauvignac, Route de Florensac 34810 Pomérols
Château de Lastours des Corbières 11490 Portel
Château de Raissac, Jean Viennet, route de Murviel 34500 Béziers
Domaine Saint-Paul Colline, Albert Morin 34140 Mèze
Domaines Listel, Château de Villeroy 34200 Sète
Le Jardin des Vins du Château de la Tuilerie, route de Saint-Gilles 30900 Nîmes
Maison Guinot, 3 avenue du chemin de ronde 11304 Limoux
Mas de Daumas Gassac, Haute vallée Gassac 34150 Aniane
Noilly Prat, 1 rue Noilly 34340 Marseillan
Prieuré d'Amilhac/Caveau-Musée, 113 route nationale 34290 Servian

ROUSSILLON

Cave de Tautavel, Les Maîtres Vignerons 66720 Tautavel
Cave Lean-Louis Lafage, 29 avenue Jean Jaurès 66460 Maury
Cellier des Templiers, route du Mas Reig 66650 Banyuls
Domaine Cazes Frères, rue Francisco Ferrer 66600 Rivesaltes
Domaine de Jau/Fondation Château de Jau 66600 Cases-de-Pène
Domaine de la Rectorie, Marc et Thierry Parcé, avenue du Puig del Mas 66650 Banyuls
Domaine du Mas blanc, Parcé et Fils, 9 avenue du Genéral de Gaulle 66650 Banyuls
Domaine Mas Amiel 66460 Maury
Domaine Valcros/Clos de Paulilles 66650 Banyuls
Etablissement Cuisénier, Caves Byrrh, 6 boulevard Violet 66301 Thuir
Les Vignerons de la Montagne d'Alaric 11220 Ribaute
Les Vignerons de Maury, route nationale 66460 Maury
Les Vignerons de La Tour de France 66720 La Tour de France

IMPORTEURE
FÜR DEUTSCHLAND

Vinum, Spezialitäten-Kontor,
Danckelmannst. 29
14059 Berlin

Weinhandel La petite France,
Buschdorfer Str. 1, 53117 Bonn

Gebrüder Koessler und Ulbricht,
Äußere Bayreuther Str. 350
90411 Burnberg 10

Assemblage GmbH, Moltkestr. 45
47058 Duisburg 1

Dr. Fuchsle, Gerhards Weinmarkt,
Bergische Landstr. 618
40629 Düsseldorf

Christel Link, Klarastr. 42
45130 Essen

Hans Lorenz Fuchs, Bordeaux Import Kontor, Postfach 201731
20207 Hamburg

AC-Weinhandlung, Rathenauplatz 35
50674 Köln

Weinhaus Linke, Maastrichter Str. 21
50672 Köln

Vinoc GmbH, Nordring 84
63067 Offenbach

Peter Riegel Weinimport, Zielstr. 13
78333 Stockach-Espasingen

IMPORTEURE
FÜR ÖSTERREICH

A.V. Stangl, Unterbergstr. 14
A-5020 Salzburg

Vinothek St. Stephan
Stephansplatz 2
A-1010 Wien

IMPORTEURE
FÜR DIE SCHWEIZ

Raphoz Père & Fils,
16 chemin de la Mousse
CH-1225 Chene Bourg/ Genève

Paul Rosat, 11 chemin du Coteau
CH-1024 Ecublens

Uricom, Bächemoos 4
CH-8816 Hirzel

Rutishauser Weinkellereien AG
CH-8596 Scherzingen

Schuler Weine, St. Jakobs Kellerei
Franzosenstr. 14
CH-6423 Seewen

ALLGEMEINE AUSKÜNFTE

Féd. des Interprofessions des Vins du Roussillon
19 avenue de la Grande-Bretagne
66000 Perpignan

Conseil Interprofessionel des Vins
Fitou-Corbières-Minervois
RN 113
11200 Lézignan/Corbières

Coteau du Languedoc
Mas de Saporta, BP 9
34972 Lattes

MUSEEN

Musée du riz de Camargue, Domaine Petit Manusclat
13200 Le Sambuc

Fondation Vincent van Gogh,
Palais de Luppe
24 Rond-Point des Arènes
13200 Arles

Musée du Désert, Mas Soubeyran
30140 Mialet

Bambouseraie de Prafrance, Générargues 30140 Anduze

Musée de l'Attelage et du Cheval,
146 avenue de la Plage
34410 Sérignan

Musée de Tautavel, Centre Europe de Préhistoire 66720 Tautavel

Le Musée de la Vigne et du Vin,
3 rue Turgot
11200 Lezignan/Corbières

Le Musée des Métiers et Art Graphiques 11170 Montolieu

Musée Pablo Casals, rue Victor Hugo
66500 Prades

Musée d'Art Moderne, rue Joseph Parayre 66400 Céret

Fondation Dina Vierny,
Vallée de la Roume
66650 Banyuls-sur-mer

Musée des Artistes Catalanes,
Maison Bernard, rue Jules Romains
66750 Saint-Cyprien

Musée du Jouet, Espace Mediterranée
66140 Canet